AI 프롬프트와 음악 교육

AI문고

인공지능 시대입니다. 기계가 인간의 인지를 대신하고, 사물이 인간을 통하지 않고 다른 사물과 직접 커뮤니케이션합니다. 이에 따른 인간 삶과 문명 변화를 정확히 이해·예측·대응하는 것은 이 시대 우리 모두의 과제입니다. AI문고는 인공지능 기술과 환경의 여러 주제를 10가지 키워드로 정리합니다. 관련 개념과 이론, 학계와 산업계의 쟁점, 우리 일상의 변화를 다룹니다. 인간과 기술의 현재, 미래를 세심히 분석합니다.

일러두기

- 인명, 작품명, 저서명, 개념어 등은 한글과 함께 괄호 안에 해당 국가의 원어를 병기했습니다.
- 외래어 표기는 현행 어문규정의 외래어표기법을 따랐습니다. 다만 '솔베이의 노래'는 관행을 따라 '솔베이지의 노래'로 표기했습니다.

처음이세요?

전문가세요?

AI 프롬프트와 음악 교육

권혜근·문현경

대한민국, 서울, 커뮤니케이션북스, 2025

AI 프롬프트와 음악 교육

지은이 권혜근·문현경
펴낸이 박영률

초판 1쇄 펴낸날 2025년 10월 23일

커뮤니케이션북스(주)
출판 등록 2007년 8월 17일 제313-2007-000166호
02880 서울시 성북구 성북로 5-11
전화(02) 7474 001, 팩스(02) 736 5047
commbooks@commbooks.com
www.commbooks.com

ISBN 979-11-430-1012-4 03500

책값은 뒤표지에 표시되어 있습니다.

차례

AI 프롬프트와 음악 교육 xi

01 음악 수업에 찾아온 생성형 AI 1

02 프롬프트란 무엇인가? 9

03 연주 수업과 프롬프트 17

04 감상 수업과 프롬프트 27

05 창작 수업과 프롬프트 37

06 학생이 만드는 프롬프트 51

07 교사가 만드는 프롬프트 63

08 수업에 바로 쓰는 프롬프트 템플릿 73

09 음악 수업에 활용할 수 있는 AI 도구 가이드 85

10 AI와 함께하는 음악 교사의 미래 99

AI 프롬프트와 음악 교육

"이 곡의 분위기를 학생 눈높이에 맞게 세 문장으로 설명해 줘." 단순한 질문처럼 보이지만, 이 한 문장 안에는 오늘날 음악 교사의 새로운 수업 전략이 담겨 있다. 우리는 지금, 생성형 AI와 함께 수업을 디자인하고, 학습자의 사고를 이끄는 도구로 '프롬프트(prompt)'를 활용하는 시대에 살고 있다.

AI는 어느새 교실 안으로 들어 왔다. 단순히 정보 검색을 넘어, 음악에 관해 설명하고, 곡을 만들고, 피드백을 주고, 수업의 흐름을 함께 설계할 수 있을 정도로 진화했다. 하지만, 이 강력한 도구를 마주한 음악 교사는 혼란 속에서 다음과 같은 질문을 한다.

> "AI가 수업을 대신하는 건 아닐까?",
> "내가 가르치는 역할은 어떻게 달라져야 할까?",
> "음악이라는 감성과 창의성의 영역에 AI는 정말 도움이 되는 걸까?"

이 책은 바로 이러한 질문을 함께 고민하며 출발한다. 생성형 AI의 시대, 음악 교사는 무엇을 준비해야 하는가? 그 핵심에는 '프롬프트'에 대한 새로운 이해가 있다. 프롬프트는 단순한 명령어가 아니라, 수업의 판을 바꾸는 새로운 교육 언어로 접근해야 하는 것이다. 프롬프트는 질문이자 요청이며, 때로는 설계다.

"이 악보를 기초로 새로운 멜로디를 만들어 줘."
"이 연주가 학생에게 너무 어렵다면 어떻게 쉽게 가르칠 수 있을까?"

AI에게 던지는 문장 하나하나가 수업을 움직이고, 학습자의 사고를 자극하며, 창의적인 결과물로 이어진다. 교사는 AI에게 무엇을 어떻게 요청할지를 고민하고 동시에 학생이 스스로 좋은 질문을 만들고 AI를 활용해 문제를 해결할 수 있도록 돕는 조력자가 된다. 이처럼 AI 시대의 교사는 지식의 전달자에서 질문의 설계자이자 사고의 촉진자로 그 역할이 변화해야 한다.

특히 음악 교육은 감성과 표현, 해석과 창작이 중요한 영역이다. 연주 수업에서는 학생이 음악적 해석을 바탕으로 자신의 감정을 연주에 담아 표현하며, 그 과정에서 교사의 피드백을 통해 표현과 해석 능력을 심화한다. 감상 수업에서는 곡의 분위기와 형식을 다양한 언어로 해석하며, 창작 활동에서는 새로운 음악적 아이디어를 구상하고 실현한다. 이 모든 장면에서 핵심은 '질문'이다. AI는 '무엇을 묻느냐'에 따라 전혀 다른 응답을 한다. 같은 AI 모델이라도 프롬프트의 구조, 어조, 맥락에 따라 생성되는 결과물의 질은 크게 달라진다. 결국 프롬프트는 단순한 도구가 아니라, 교사와 학습자가 AI와 협업하기 위한 지적 설계의 언어라 할 수 있다.

더불어 교사는 학생이 스스로 '좋은 프롬프트'를 구상할 수 있도록 지도해야 한다. 이것은 학생으로 하여금 자신이 직접 학습의 모든 과정을 설계하고, 학습에 필요한 정보를 탐색하며, 탐색한 결과를 평가하고 수정할 수 있는 '메타 인지적 사고'를 기르는 것과 같다. 악기를 연주하면서 한 음 한 음을 어떻게 해석하고 표현할지 고민하는 과정에서 음악의 깊이가 깊어지듯, 프롬프트를 만들고, 고민하는 과정 또한 학습에 대한 사고가 깊어진다. AI의 결과물을 무조건 수용하기보다 "내가 왜 이런 질문을 했지?", "다른 답을 얻으려면 질문을 어떻게 수정해야 할까?", "이 결과가 내가 의도한 것과 일치하는가?"와 같은 질문을 함으로써 학습의 과정을 성찰하고, AI를 학습의 파트너로 활용해야 한다.

음악 교육에서도 '질문'이 항상 그 중심에 있다. 작곡가의 의도를 파악하며 음악을 감상하고, 자신의 감정과 해석을 바탕으로 연주하며, 새로운 음악을 창작하는 모든 과정에서 질문이 필수적이기 때문이다. "이 곡은 왜 이렇게 들릴까?", "내가 느낀 감정은 음악의 어떤 요소 때문일까?"와 같은 질문이 바로 음악의 학습을 움직이는 출발점이 된다. 이때 AI는 이러한 사고를 돕는 '거울'이 될 수 있다. 프롬프트를 입력하여 자신의 생각을 AI를 통해 언어화하고, 그 결과를 다시 분석하면서 음악적 사고의 방향을 확립할 수 있다. 이러한 순환의 과정을 통해 음악 감상의 깊이가 넓어지고, 연주 해석의 폭이 확장하며, 창작의 동기가 강화된다.

이처럼 AI가 선사하는 무한한 가능성 속에서도 교육의 본질은 여전히 '사람'이다. 교사의 상상력과 판단, 그리고 학생의 경험이 만나야만 진정한 학습이 가능하기 때문이다. 기술의 발전 속도에 비하자면 인간의 이해와 숙련의 시간은 느리지만, 그만큼 섬세하고 강력하다. AI를 통해 빠르게 음악을 분석하고, 다양한 음악을 만들어 낼 수도 있지만, 음악이 주는 깊은 울림과 감동은 인간을 통해서만 가능하다. 결국 교사에게 요구되는 것은 학생에게 AI 도구에 대한 기술적 숙련도를 가르치는 것이 아니라, AI를 통해 사고하고 성찰하는 힘을 길러주는 역량이다. 특히 음악 교사는 AI와 함께하는 수업에서 학생의 생각과 감정을 읽어내며, 적절한 질문을 제시하고, 이를 학생이 자신만이 언어로 구성할 수 있도록 해야 한다. 프롬프트는 이러한 교육적 소통 방식의 새로운 열쇠가 될 것이다. 이것은 교사와 학생, 그리고 AI를 연결하는 '핵심 언어'다.

책의 구성

이 책은 총 10장으로 구성되어 있으며, 음악 교육의 실제 수업 장면에 AI 프롬프트를 어떻게 접목할 수 있을지를 구체적으로 보여 준다. 연주 · 감상 · 창작이라는 기본 수업 형태에서 프롬프트가 어떻게 학생의 사고를 유도하고, 자율성과 메타 인지를 키워 주는지 살펴본다. 또한 학생이 만드는 프롬프트와 교사가 만드는 프롬프트, 수업에 바로 활용할 수 있는 템플릿 모음과 프롬프트를 적용해 볼 수 있는 AI 도구까지 폭넓게 다루었다.

이 책의 마지막 장은 'AI와 함께하는 음악 교사의 미래'를 상상한다. AI는 교사의 경쟁자가 아니라, 교사의 교육 철학을 구현할 수 있도록 돕는 협력자다. 프롬프트를 통해 교사는 학생의 감정과 의도에 더 가까이 다가갈 수 있고, 반복적인 설명과 자료 준비에서 벗어나 더 많은 시간을 '사람을 위한 수업 설계'에 집중할 수 있다. 물론 기술만으로는 예술 교육의 깊이에 도달할 수 없다. 음악 교사의 역할은 기술 너머에 있다. 음악을 매개로 학생의 정서를 어루만지고, 의미를 찾아가며, 예술적 해석을 도와주는 일은 여전히 사람의 몫이기 때문이다. AI는 더 많은 것을 할 수 있지만, 교사는 더 깊이 있는 것을 할 수 있다. AI는 빠르게 학습하지만, 교사는 천천히 이해하고 공감한다. 프롬프트는 기술과 인간, 정보와 감성 사이를 잇는 다리라고 표현할 수 있다. 이 책은 그 다리를 함께 건너려는 모든 음악 교사에게 드리는 작은 나침반이길 바란다.

자, 이제 AI를 경계의 대상이 아니라 수업의 동반자로 바라볼 때다. 학생의 표현력을 북돋고, 교사의 창의성을 확장할 수 있는 질문을 함께 탐색해 보자. 이 책은 그런 여정을 시작하려는 당신을 위한 안내서가 되어 줄 것이다. 음악 교육의 새로운 지평, 프롬프트와 함께 지금 시작해 보자.

01
음악 수업에 찾아온 생성형 AI

음악 수업에 생성형 AI가 들어오고 있다. 이것은 단순한 기술 도입이 아닌, 수업의 패러다임을 바꾸는 조용한 혁명이다. 생성형 AI 시대의 음악 수업이 어떠한 변화를 요구하는지, 교사와 학생은 이를 어떻게 받아들일 수 있는지 살펴본다. 특히 '질문'이라는 교육적 도구가 어떻게 '프롬프트'라는 형태로 확장되는지 조명한다.

기후 위기와 인공지능?

생성형 AI의 시대, 음악 수업의 변화

현대 사회는 AI(인공지능)의 눈부신 기술 발전과 함께 빠르게 재편되고 있으며, 그 영향력은 어느 한 분야에 국한하지 않고, 사회 전반으로 빠르게 확산하고 있다. 특히 최근 주목받는 것은, 텍스트 · 이미지 · 음악 등을 직접 만들어 내는 '생성형 AI(Generative AI)'의 등장이며, 이는 기존의 AI 활용 방식과는 또 다른 차원의 변화를 이끌고 있다.

이러한 흐름 속에서 '19세기 교실에서, 20세기 교사가, 21세기 학생들을 가르친다'라는 말처럼, 오랫동안 변화에 둔감했던 교육 현장 역시 이제 AI의 변화 바람을 외면할 수 없게 되었다. 음악 수업 또한 예외는 아니다. 디지털 환경 속에서 자란 학생들의 학습 방식과 소통 방식이 달라진 만큼, 음악 수업도 점차 새로운 방향을 모색하고 있다.

요즘 학생들은 음악을 접하는 방식부터 다르다. 유튜브, 틱톡, AI로 생성된 음원 등 다양한 플랫폼을 통해 음악을 경험한다. 이런 변화된 감각과 표현 욕구는 기존의 전통적인 수업 방식으로는 충분히 수용되기 어렵다. 음악 수업 역시 그것에 맞게 달라져야 한다.

중요한 것은 AI가 음악을 '대신' 만들어 주는 것이 아니라, 학생들이 AI와 함께 음악을 '다르게' 경험하고 표현해 보는 것이다. 특히 생성형 AI는 음악을 스스로 만들어 낼 수 있다는 점에서 학생들에게는 창의적 표현의 파트너가 되고, 교사에게는 새로운 수업 도구로 활용될 수 있다. 새로운 시대의 음악 교육은 이제, 학생들에게 기술과 예술이 만나는 지점을 단순히 설명하는 것이 아니라, 직접 '체험'하게 하는 방향으로 나아가야 한다.

AI, 교실에서 만나다

AI 시대가 열리면서 교육도 빠르게 변화하고 있다. 단순히 새로운 기술을 소개하는 수준을 넘어, 학생들이 AI를 이해하고 활용하는 능력을 갖추도록 하는 것이 교육의 중요한 목표로 부상했다. 이에 따라 교육부는 학교 현장에서 활용할 수 있는 AI 교육 내용 기준을 제시하고, '정보교육 종합계획'(2020)과 '디지털 인재양성 종합방안'(2022)을 통해 AI 융합 교육의 필요성과 방향을 구체화하고 있다.

AI 융합 교육은 AI라는 특정 기술 지식을 습득하는 것을 넘어, 실제 수업 속에서 다양한 교과 내용과 연결하여 창의적 문제 해결력을 기르는 것을 목표로 한다. 2022 개정 교육 과정에서도 전 교과에서 디지털 소양과 인공지능 역량을 강조하며, 이에 따라 학교 현장에서는 AI를 접목한 다양한 수업 실험과 연구가 활발히 이루어지고 있다. 불과 몇 년 전까지만 해도 AI는 교실 밖 미래 기술처럼 느껴졌지만, 이제는 교사의 수업 준비부터 학생의 과제 해결, 수업 중 실시간 피드백에 이르기까지 자연스럽게 교실 안에 스며들고 있다. 특히 생성형 AI는 단순히 정보를 제공하는 것을 넘어서, 교사와 학생 모두에게 '질문을 던지고, 생각을 정리하고, 표현을 구체화하는' 학습 파트너로 자리를 잡아 가고 있다. 학생들은 AI와의 대화를 통해 정보를 탐색하고, 다양한 관점을 비교하며, 자기 생각을 정리하고 있다. 교사 역시 지식을 일방적으로 전달하는 역할에서 벗어나, AI와 함께 수업을 설계하고 학습을 조율하는 '촉진자'로서의 새로운 정체성을 형성하고 있다.

물론 모든 변화가 매끄러운 것은 아니다. AI를 수업에 어떻게 통합할 것인지, 정보의 정확성과 신뢰도를 어떻게 판단할 것인지에 대한 논의와 준비는 여전히 필요하다. 그럼에도 불구하고 분명한 사실은 AI는 이제 교실 바깥의 낯선 기술이 아니라, 교육의 일상 속으로 들어온 실질적 파트너라는 점이다. 지금 이 순간 교사는 AI와 함께 교실을 다시 설계하는 과정에 서 있다.

교사의 질문이 가진 힘, 프롬프트로 확장하다

좋은 수업은 좋은 질문에서 시작한다. 교사가 던지는 질문 하나가 학생의 생각을 흔들고, 평범한 수업을 깊이 있는 배움으로 이끈다. 특히 하나의 정답이 아닌, 다양한 관점과 해석을 유도하는 열린 질문은 학생 사고의 폭을 넓히는 데 큰 힘을 발휘한다. 이런 질문을 받았을 때 학생들은 '정답이 무엇일까?'를 고민하기보다, '내 안에서 떠오르는 생각은 뭐지? 나는 왜 그렇게 생각했지?'를 묻기 시작한다. 그리고 이 질문이 바로 사고력, 표현력, 창의력을 자극하는 첫걸음이 된다. 그런데 이제 교사의 질문은 더 이상 학생에게만 국한되지 않고, AI를 향하고 있다. 생성형 AI가 교실에 들어오면서, 교사가 AI에 질문을 던지고, 학생은 AI을 활용해 새로운 방식으로 학습하는 일이 점점 익숙해지고 있다. 여기서 중심에 있는 것이 바로 '프롬프트(prompt)'다.

프롬프트란, 쉽게 말해 AI에게 건네는 '지시어'나 '질문'이다. 우리가 AI에게 "이 곡의 분위기를 설명해 줘"라고 말할 때, 그 문장이 곧 프롬프트다. 단순한 요청처럼 보이지만, 프롬프트는 AI가 어떻게 응답할지를 결정짓는 핵심 열쇠다. 같은 내용을 묻더라도 표현을 어떻게 하느냐에 따라 결과가 달라지기 때문에, 원하는 답을 얻기 위해서는 그만큼 '질문을 잘 던지는 능력'이 중요해진다.

이제 교사의 질문 능력은 AI 시대에 맞게 새로운 방식으로 확장되고 있다. 과거에는 교사가 학생에게 질문을 던졌다면, 이제는 학생이 AI에 질문을 던지기도 한다. 그리고 그 과정에서 학생은 정보를 단순히 받아들이는 데 그치지 않고, 질문을 구성하고, 답을 비교하고, 결과를 해석하는 주체로 성장한다. 그래서 오늘날 교육에서 프롬프트를 가르친다는 것은 단순히 AI 사용법을 익히는 것이 아니라, 사고하는 법을 가르치는 일이다. 학생이 스스로 질문을 만들고, AI와의 대화를 통해 더 나은 답을 찾아가는 모든 과정이 곧 21세기형 학습자의 핵심 역량을 길러 주는 중요한 실천적 교육이 된다. 이와 같은 능력은 단순히 질문을 던지는 기술이 아니라, 어떤 정보를 어떻게 요청하고, 그 결과를 판단하며, 다시 응용할 수 있는 능력을 포함한다. 이런 점에서 프롬프트를 이해하고 설계하는 능력, 즉 '프롬프트 리터러시(Prompt Literacy)'는 AI 시대의 새로운 문해력이라 할 수 있다.

AI를 제대로 활용하려면, 기술 자체보다 그 기술과 효과적으로 대화하는 방법을 먼저 배워야 한다. 교사의 질문 능력이 프롬프트로 확장되는 지금, 우리는 그 질문하는 힘을 학생에게도 넘겨주는 법을 함께 고민해야 한다.

참고문헌

김대중(2025). “생성형 AI 프롬프트 엔지니어링 교육의 역량 함양 효과에 대한 탐색적 연구”. 《핵심역량교육연구》, 10(1), 79～102쪽.

박부경(2022). “국내 음악분야 인공지능 관련 연구 동향분석”. 《차세대융합기술학회논문지》, 6(3), 570～578쪽.

오지향·권혜진(2025). “체계적 문헌고찰을 통한 인공지능(AI) 활용 음악교육의 방향 탐색”. 《미래음악교육연구》, 10(1), 1～26쪽.

최미영(2025). "핵심 질문을 활용한 음악과 단원 설계." 《미래음악교육연구》, 10(1), 199～217쪽.

한국경제(2025.1.8). “19세기 학교서, 20세기 교원이, 21세기 학생 가르치는 나라”. https://www.hankyung.com/article/2025010842941

02
프롬프트란 무엇인가?

생성형 AI와의 상호 작용에서 핵심이 되는 '프롬프트'는 단순한 질문을 넘어, AI의 응답을 끌어내는 언어적 도구이자 사고를 확장하는 출발점이다. 따라서 프롬프트의 개념과 중요성을 살펴보고, 효과적인 프롬프트를 설계하는 원칙을 제시한다. 특히, 교사의 질문 능력이 어떻게 AI 시대의 수업 전략으로 확장되는지를 함께 탐색한다.

노래하는 AI 보컬?

프롬프트란 무엇인가?

프롬프트(prompt)는 생성형 AI와의 대화를 시작하는 출발점이자, 사용자가 AI에게 보내는 지시 · 요청 · 질문을 담은 문장이다. 우리가 "이 곡의 분위기를 설명해 줘", "이 가사를 바탕으로 멜로디를 만들어 줘"라고 입력하는 문장이 곧 프롬프트다. 프롬프트는 단순한 문장처럼 보이지만 그 안에는 질문하고, 조건을 설정하고, 상황을 전달하는 여러 요소가 담겨 있다. 보통 하나의 프롬프트는 다음과 같은 세 가지 구성 요소로 이루어진다.

질문(question): 무엇을 알고 싶은가?

지시어(instruction): 어떻게 응답해 주기를 원하는가? (예: 요약해 줘, 비교해 줘, ~처럼 써 줘)

입력 텍스트(context/input): 참고할 정보나 배경 자료는 무엇인가? (예: 가사, 악보, 문단 등)

예를 들어, "이 곡의 분위기를 중학생 눈높이에 맞게 세 문장으로 설명해 줘"라는 프롬프트는 질문(분위기 설명), 지시어(눈높이, 세 문장), 텍스트(곡 또는 그에 대한 배경지식)를 모두 포함하고 있다. AI는 이러한 프롬프트를 분석하여 사용자가 원하는 방향에 맞게 결과물을 생성한다. 결국 프롬프트는 AI의 '출력'을 좌우하는 설계도이며, 사용자의 의도를 AI가 이해할 수 있는 언어로 번역한 것이다. 이처럼 프롬프트가 AI의 응답 품질에 큰 영향을 미치게 되면서, 프롬프트를 어떻게 설계해야 하는지가 매우 중요하다. 이것이 바로 '프롬프트 엔지니어링(prompt engineering)'이다. 프롬프트 엔지니어링은 사용자의 의도를 AI가 정확하게 이해할 수 있게 문장을 구성하는 기술로, AI 활용의 핵심 전략으로 떠오르고 있다.

프롬프트 엔지니어링에는 다양한 설계 방식이 있으며, 특히 다음과 같은 세 가지 기법이 많이 활용된다. 첫 번째로 제로 샷(Zero-shot)은 아무런 예시 없이 AI에게 직접 지시를 내리는 방식을 말한다. 예를 들어, "이 노래 가사의 분위기를 한 문장으로 요약해 줘"라고 하는 것이다. 이 기법은 간단하고 빠르게 결과를 얻을 수 있지만, 복잡한 작업에서는 AI가 정확한 의도를 파악하지 못할 수 있다. 두 번째로 퓨 샷(Few-shot)이다. 이 기법은 AI가 참고할 수 있도록 몇 개의 예시를 함께 제공하는 방식이다. 예를 들어, "이 노래는 따뜻하고 희망적인 분위기야", "이 곡은 어두우면서도 감성적이야", "이 가사도 같은 방식으로 분위기를 설명해 줘"와 같이 사용자가 원하는 방향의 예시를 미리 제공하여, AI가 패턴을 학습하게 한 뒤 응답을 유도하는 것이다. 이러한 기법은 학습 목표가 명확한 수업에서 유용하게 사용할 수 있다. 세 번째는 '페르소나(Persona)' 기법으로, "너는 지금 고등학교 음악 선생님이야. 학생들이 이해할 수 있도록 쉽게 설명해줘"와 같이 AI에게 특정 역할이나 말투를 부여하는 방식이다. 이러한 기법은 AI가 제시된 학생 수준에 맞는 설명이나 피드백을 제공할 수 있기 때문에, 교육 현장에서 특히 유용하게 활용할 수 있다.

위와 같은 프롬프트 설계 기법들은 단순히 AI의 기능을 끌어내는 도구가 아니라, 교사와 학생 모두가 AI와의 소통을 더 정밀하게 설계하고 조율할 수 있도록 돕는 전략적 도구다. 따라서 프롬프트 엔지니어링을 단순한 기술로 받아들이는 것이 아니라, AI 시대의 문해력이자 사고력의 한 형태로 이해할 필요가 있다.

왜 '좋은 프롬프트'가 중요한가

AI는 사용자가 무엇을, 어떻게 요청하느냐에 따라 전혀 다른 결과를 만들어 낸다. 같은 질문이라도 표현 방식, 정보의 순서, 문장의 어조에 따라 AI의 응답 내용과 질이 크게 달라진다. 따라서 단순히 'AI를 사용한다'라는 것만으로는 충분하지 않다. AI에 무엇을 어떻게 요청할 것인지를 고민하는 능력이 훨씬 더 중요해지고 있다.

프롬프트는 사용자의 생각과 의도를 AI에 전달하는 통로이며, 사람의 언어를 기계가 이해할 수 있는 방식으로 변환하는 장치다. 동일한 AI 모델이라도 어떤 프롬프트를 주느냐에 따라 결과가 전혀 달라질 수 있다. 단어의 선택, 문장의 구조, 목표의 명확성 등 작은 차이 하나가 AI의 응답을 크게 바꾸는 요소가 된다. 잘 설계된 프롬프트는 AI가 사용자의 의도를 명확하게 이해하도록 하고, 보다 정확하고 창의적인 결과를 도출하는 데 기여한다. 반대로, 애매하고 구체성이 부족한 프롬프트는 관련성이 낮거나 질이 떨어지는 응답으로 이어질 수 있다.

하지만 AI를 잘 활용하기 위해서는 프롬프트를 바르게 작성하는 것만으로는 부족하다. AI가 생성한 응답을 분석하고, 비판적으로 평가하며, 자신의 목적에 맞게 편집하고 재구성하는 능력 또한 요구된다. AI의 응답을 그대로 수용하는 것이 아니라, 그 내용을 나의 문제에 맞게 전환하는 능동적인 활용 역량을 갖추어야 한다. AI 시대의 창의성은 단지 새로운 아이디어를 만들어내는 능력에 그치지 않는다. 이제는 AI와 협력하고, 그것을 활용하여 의미 있는 결과물을 만들어 내는 능력이 창의성의 중요한 일부가 된다. 예를 들어 학생이 프롬프트를 작성하고, AI의 응답을 검토하고, 이를 과제나 프로젝트에 맞게 다시 구성하는 모든 과정은 고차원적인 인지 활동이자 창의적 사고의 실천이 된다. 결국 프롬프트를 잘 설계하고, AI의 결과를 비판적으로 수용하며, 자신에게 맞게 창의적으로 재구성하는 능력은 단순한 기술이 아니라 AI 시대의 본질적인 학습 역량으로 기능한다. 이러한 역량을 증진하기 위해 AI를 단순한 도구로 활용하는 것을 넘어서, 사고력과 표현력을 함양하는 본질적인 교육 실천으로 이어져야 한다. AI 시대에 진정한 경쟁력은 기술을 얼마나 잘 다루는가가 아니라, 그 기술과 얼마나 효과적으로 소통하고 협력할 수 있는가에 달려 있기 때문이다. 그리고 그 시작점은 바로 '좋은 질문'을 던지는 능력에 있다.

효과적인 프롬프트 설계 원칙

효과적인 프롬프트는 AI와의 상호 작용에서 원하는 정보를 정확하고 풍부하게 끌어내는 핵심 도구다. 프롬프트를 잘 설계하기 위해서는 몇 가지 중요한 원칙을 고려해야 한다. 그중 대표적인 세 가지 원칙은 명확성, 맥락성, 개방성이다.

먼저, 명확성(clarity)은 프롬프트를 분명하고 구체적으로 표현하여 사용자가 원하는 바를 AI가 정확하게 이해하도록 하는 것을 의미한다. 질문이 애매하거나 불분명하면 AI는 엉뚱한 답변을 하거나 사용자의 의도를 정확히 파악하지 못할 수 있다. 예를 들어 단순히 "베토벤 음악의 특징을 설명해 줘"보다는 "베토벤 교향곡 5번 1악장의 리듬적 특징을 중학생이 이해할 수 있도록 설명해 줘"와 같이 목적, 범위, 원하는 결과를 명확하게 설정해야 한다.

다음으로 맥락성(contextuality)은 질문의 배경 정보와 상황을 충분히 제공하는 것이다. AI는 인간처럼 암묵적인 맥락을 추론하지 못하기 때문에, 질문에 필요한 정보를 함께 제공해야 더 정확하고 유의미한 응답을 얻을 수 있다. 따라서 "이 곡은 중학교 음악 감상 수업에 사용할 건데, 학생들이 이해할 수 있도록 음악의 형식과 주요 리듬을 중심으로 설명해 줘"와 같이 구체적인 상황을 넣는 것이 효과적이다.

마지막으로 개방성(openness)은 AI가 창의적이고 다양한 관점으로 사고할 수 있도록 하는 것이다. 하나의 정답을 유도하기보다는, 다양한 해석이나 응답할 수 있도록 열린 형태의 질문을 구성하면 AI의 잠재력을 더 잘 끌어낼 수 있다. 이는 특히 음악 교육처럼 정답이 고정되어 있지 않고 감정적이고, 주관적인 해석이 중요한 분야에서 더 효과적이다.

이 세 가지 원칙은 단순히 AI의 성능을 높이기 위한 기술적 전략이 아니라, 학습자와 교사 모두에게 사고의 틀을 넓혀 주는 새로운 언어 활용 방식이다. 결국 좋은 프롬프트는 단순한 질문이 아닌, 사고를 유도하고 지식을 재구성하게 하는 촉매가 된다. 따라서 AI 시대의 교육은 이러한 질문을 중심으로 다시 설계되어야 한다.

참고문헌

김대중(2025). "생성형 AI 프롬프트 엔지니어링 교육의 역량 함양 효과에 대한 탐색적 연구". 《핵심역량교육연구》, 10(1), 79~102쪽.

김지일(2024). "프롬프트 기반 학습 모형 개발 연구". 《교육정보미디어연구》, 30(1), 55~79쪽.

이한진(2024). 《AI와 스토리텔링》. 커뮤니케이션북스.

Federiakin, D. et al.(2024). Prompt engineering as a new 21st century skill. *Frontiers in Education, 9*, 1366434.

Holster, J.(2024). Augmenting Music Education through AI: Practical Applications of ChatGPT. *Music Educators Journal, 110*(4), pp.36~42.

03
연주 수업과 프롬프트

연주 수업에서는 기초적인 음악 기능과 개념을 익히는 것을 넘어, 학생이 스스로 음악적 목표를 설정하고, 자기 연주를 돌아보며, 다른 사람과 함께 조율하는 과정을 통해 음악을 '배우는 주체'로 성장하도록 돕는 것이 중요하다. 이러한 맥락에서 생성형 AI 시대의 교사 질문, 즉 프롬프트는 연주 수업에서 학습자의 사고를 촉진하고 학습 과정을 구조화하는 중요한 도구로 활용될 수 있다.

인공지능과 편향?

연주 수업에서의 프롬프트 활용

연주는 2022 개정 음악과 교육 과정에서 제시된 3가지 대영역(연주, 감상, 창작) 중 하나로, 음악 표현의 핵심적인 방식이자 주요한 활동이다. 연주는 직접 악기를 다루며 소리를 창출하는 과정으로, 복잡하고 다양한 음악 요소와 개념을 몸으로 익히는 실제적 학습이다(2022 교육 과정에서 '연주'는 가창과 기악을 포함하지만, 본 책에서는 기악에 한정한다). 연주를 통해 학습자는 음악을 능동적으로 해석하고 표현하는 존재로 성장하며, 음악적 감수성, 자기 표현력, 협업 능력과 같은 핵심 역량을 함양할 수 있다. 이때 교사의 질문, 즉 프롬프트는 학생이 연주 목표를 명확히 설정하고, 자신의 연주를 성찰하며, 합주에서 서로의 소리를 조율하는 데 필요한 사고를 촉진하는 도구로 작용한다. 연주 수업에서 프롬프트를 적절히 활용하면, 단순히 연주의 기술적 측면을 습득하는 것을 넘어 자기 주도적 사고 기반의 음악 학습이 가능하다. 이는 학생의 음악적 자율성과 창의성을 증진하는 데 중요한 역할을 한다.

연습 목표 설정과 자기 피드백

연주 수업에서 가장 먼저 필요한 것은 '왜 이 곡을 연습하는가'에 대한 학습자의 주체적인 목표 설정이다. 단순히 악보를 외우고 손가락을 빠르게 움직이는 것을 넘어, 학생이 스스로 연습의 방향을 설정하고 그 결과를 점검하는 사고 과정이 필요하다. 이를 위해 교사는 "오늘 연습 목표를 한 문장으로 정해 보세요", "이번 연습에서 집중하고 싶은 부분은 어디인가요?"와 같은 프롬프트를 통해 학생의 연습을 목적 중심으로 이끈다. 이러한 질문은 학생에게 '막연한 연습'이 아닌 '목적이 있는 연습'을 하도록 유도하며, 목표가 명확할수록 연습의 효율성은 높아지고 학생은 자신의 진전을 더 정확히 파악할 수 있게 된다.

목표 설정과 더불어 자기 피드백을 촉진하는 과정도 중요하다. 교사는 "방금 연주에서 가장 잘된 부분은 어디인가요?", "어느 부분이 어색했는지 기억나나요?", "다시 한다면 어떻게 바꾸고 싶나요?" 등의 질문을 제시함으로써 학생이 자신의 연주를 단순히 반복하는 것이 아니라, 생각하며 연주하는 태도를 기르도록 한다. 여기에 "이번 연주에서 새롭게 깨달은 점이 있나요?", "연주하면서 몸과 마음의 상태는 어땠나요?"와 같은 질문을 추가하면 학생은 자신의 연주를 다차원적으로 분석할 수 있다. 이러한 자기 피드백 능력은 연주자의 자율성을 높이고, 교사 없이도 스스로 성장할 수 있는 토대를 마련한다. 나아가 연습 후 성찰을 체계화하기 위해 "오늘의 연습을 3가지 키워드로 정리해 보세요", "연습을 통해 개선된 부분과, 그 부분을 어떻게 연습했는지 적어보세요"와 같은 성찰 일지 작성 프롬프트를 활용하면 학생의 메타인지 능력을 더 향상할 수 있다.

AI 피드백 및 연습 계획 수립

이러한 사고 기반 연습의 토대 위에서 AI는 연습 계획 수립과 피드백의 효과적인 도구로 활용될 수 있다. 그러나 이를 위해서는 학생 스스로 자신의 연주에 대한 인식이 필요하며, 그 인식은 앞서 언급한 교사의 질문을 통해 구체화할 수 있다. 예를 들어, "지금 연주에서 아쉬운 부분이 있다면 어디인가요?, 그 부분을 개선하기 위해 어떤 도움을 받고 싶나요?"와 같은 질문은 학생 스스로 문제를 정의하게 하며, 이후 AI에게 실질적인 질문을 생성하게 한다. 이 과정에서 중요한 것은, 학생이 단순히 "어떻게 연주해야 하나요?"와 같이 막연한 질문을 하는 것이 아니라, "바흐 인벤션 1번의 7~10마디에서 왼손과 오른손의 균형이 잘 안 맞는데, 효과적인 연습 방법을 추천해 주세요"와 같은 구체적이고 맥락적인 질문을 할 수 있도록 하는 것이다.

이처럼 교사의 프롬프트는 학생의 메타 인지를 자극하고, AI와의 협업을 준비하는 디딤돌이 된다. 이어서 "AI에게 리듬 연습 루틴을 추천해 달라고 해 보자", "이 프레이즈를 더 자연스럽게 연주하는 방법을 묻는다면 뭐라고 입력할 수 있을까?"와 같은 프롬프트로 발전시키면, 학생은 AI를 단순한 정보 제공자가 아닌 '연습 파트너'로 경험하게 된다. 이 과정에서 교사는 "AI가 제안한 연습법 중 당신에게 가장 적합한 것은 무엇인가요?", "AI의 조언을 실제 연습에 어떻게 적용할 수 있을까요?"와 같은 후속 질문을 통해 학생이 AI의 피드백을 맹목적으로 따르는 것이 아니라 비판적으로 사고하고 자신의 상황에 맞게 조정할 수 있도록 돕는다. 이렇게 AI를 통해 받은 피드백을 바탕으로 학생은 주간 연습 계획을 수립하거나, 어려운 부분을 집중적으로 다루는 맞춤형 연습 흐름을 만들 수 있다.

물론 AI 활용에는 한계도 있다. AI는 실제 연주를 듣지 못하므로 학생의 정확한 문제 서술이 중요하며, 감정적이고 예술적인 표현에 관한 AI의 조언은 참고 사항으로만 활용해야 한다. 교사는 학생들에게 이러한 한계를 인식시키고, 교사의 직접적인 피드백과 AI 조언을 균형 있게 활용하도록 지도해야 한다. 이 과정은 결국 교사의 질문, 학생의 사고, AI의 제안이라는 삼각 구조 속에서 이루어지며, 이 구조가 견고할수록 학생의 연주 실력과 사고력은 함께 성장하게 된다.

합주 연습에서의 프롬프트 활용

여러 악기가 함께 연주하는 합주 수업은 2022 교육 과정 전반에 걸쳐 강조하고 있는 협업 능력과 문제 해결력을 증진하는 데 매우 효과적인 활동이다. 이러한 합주 연습에서는 팀원 간의 소통과 협력이 중요한 핵심 요소로 작용한다. 교사는 합주 연습을 지도할 때, 연주 자체뿐 아니라 대화의 흐름을 설계하는 프롬프트를 제시함으로써 학생 간 피드백과 의사소통을 유도할 수 있다. 예를 들어 "우리 팀 연주의 강점은 무엇이라고 생각하나요?", "지금 템포가 합주에 잘 맞다고 느끼나요?", "파트 간 밸런스를 맞추기 위해 어떤 점을 조정하면 좋을까요?"와 같은 질문은 팀원 간 사고의 공유와 합리적 협의를 가능하게 한다. 이러한 질문들은 단순히 '좋다', '나쁘다'라는 식의 평가가 아니라, 구체적인 관찰과 건설적인 제안을 끌어낸다.

합주 수업에서 특히 중요한 것은 연주 과정을 단계적

으로 나누어 적절한 프롬프트를 제공하는 것이다. 연주 전에는 "이번 연주에서 우리 팀이 특히 집중해야 할 부분은 어디인가요?", "각자 맡은 역할과 책임을 명확히 해 보세요"와 같은 질문으로 준비 상태를 점검하고, 연주 중에는 "다른 파트의 소리를 잘 들었나요?", "팀 전체의 호흡이 어떻게 느껴졌나요?"와 같은 관찰 포인트를 제시한다. 연주 후에는 "방금 연주에서 가장 인상적인 부분은 어디였나요?", "개선이 필요한 부분을 구체적으로 이야기해 보세요"와 같은 질문으로 성찰을 유도한다. 이러한 단계적 접근은 합주 과정을 체계화하고, 팀원들이 각자의 역할과 전체적인 목표를 명확히 인식할 수 있게 돕는다.

합주 수업에서도 AI를 활용할 수 있다. "합주 전, 우리 팀이 미리 점검해야 할 요소를 AI에게 물어보자", "우리 연주에 대한 외부인의 조언을 받고 싶다면 어떤 질문을 던지면 좋을까?"와 같은 활동을 통해, 합주의 질을 높이는 동시에 팀 내 대화와 협력의 수준도 함께 향상할 수 있다. 예를 들어 팀이 특정 곡의 해석에 대해 의견이 나뉠 때, AI에게 해당 곡의 시대적 배경을 질문하거나 다양한 연주 영상을 찾아 달라고 하여, 이를 바탕으로 소그룹 토의를 진행할 수 있다. 또한 "효과적인 합주 연습 방법을 AI에게 추천받아 보세요", "비슷한 편성의 유명한 연주 예시를 AI에게 찾아 달라고 해 보세요"와 같은 활동은 팀의 연주 수준을 한 단계 끌어올리는 데 도움이 된다.

합주 과정에서는 때로 의견 차이나 갈등이 발생할 수 있다. 이때 교사는 "어떤 부분에서 의견이 다른지 정리해 볼까요?", "나와 다른 의견이지만, 좋은 점을 찾아보면 어떤 것이 있을까요?"와 같은 프롬프트를 통해 갈등을 건설적으로 해결할 수 있도록 돕는다. 중요한 것은 갈등 자체를 부정적으로 바라보지 않고, 다양한 관점이 만나는 지점에서 더 풍부한 음악적 해석이 나올 수 있다는 점을 인식시키는 것이다. "팀의 음악적 목표와 중점적으로 연습해야 할 부분을 함께 정해 보세요", "서로의 아이디어를 자연스럽게 융합하는 방법은 무엇일까요?"와 같은 질문은 팀원들이 개별적 선호보다는 공동의 목표를 우선시하면서도 창의적인 해결책을 모색하도록 유도한다.

합주 수업의 성과를 측정하고 지속적인 발전을 위해서는 "이번 합주를 통해 음악적으로 가장 발전된 부분은 무엇인가요?", "처음 연습할 때와 비교해서 팀워크가 어떻게 달라졌나요?"와 같은 평가 프롬프트도 중요하다. 이러한 질문들은 단순히 연주 기술의 향상뿐만 아니라 협업 능력, 소통 능력, 리더십 등 다양한 측면에서의 성장을 확인할 수 있게 한다. 나아가 "이 연주를 더 발전시키려면, 어떤 부분을 보완해야 할까요?", "다음 합주에서 도전해 보고 싶은 곡은 무엇인가요?"와 같은 미래 지향적 질문을 통해 팀의 지속적인 성장 동력을 마련할 수 있다.

결국 프롬프트는 합주 수업에서도 단순한 질문을 넘어서, 팀워크와 상호 피드백을 이끄는 도구가 된다. 개별 연주자의 성장과 더불어 팀 전체의 조화로운 발전을 위해 프롬프트의 전략적 활용은 필수다. 연주 수업에서 프롬프트의 활용은 단순히 새로운 교육 도구를 추가하는 것이 아니라, 학습자 중심의 능동적 음악 교육으로의 패러다임 전환을 의미한다. 적절한 프롬프트를 통해 학생들은 능동적 음악 탐구자로 성장하며, AI와의 협업을 통해 개별화된 학습 경험을 얻을 수 있다. 이러한 변화는 궁극적으로 일상에서 음악을 깊이 있게 향유할 수 있는 음악인의 자질을 함양하는 데 기여할 것이다.

참고문헌

교육부(2022). "2022 개정 음악과 교육과정". 교육부 고시 제2022-33호[별책 12].

https://www.moe.go.kr/boardCnts/viewRenew.do?boardID=141&boardSeq=93458&lev=0&searchType=null&statusYN=W&page=1&s=moe&m=040401&opType=N

문현경(2024). "LT 협동학습을 적용한 공유 피아노 합주 수업 구조화 및 설계". 《음악교육공학》, 61, 275~294쪽.

석문주 외(2017). 《음악교육의 이해와 실천(제2판)》. 교육과학사.

승윤희 외(2013). 《예비교사와 현장교사를 위한 초등 음악교육》. 학지사.

임혜숙(2020). "초등 음악 기악학습의 변천사: 3~4학년을 중심으로". 《음악교육공학》, 44, 131~153쪽.

정진원·승윤희(2016). "음악과의 기악학습을 위한 수업모형 탐색". 《음악교육공학》, 29, 115~133쪽.

04
감상 수업과 프롬프트

감상 수업에서 프롬프트는 단순한 정보 탐색을 넘어, 학습자의 감정, 사고, 분석 능력을 확장하는 도구로 기능할 수 있다. 특히 생성형 AI를 활용한 감상 수업에서는 학습자가 스스로 질문하고 탐구하며 음악적 의미를 구성하도록 유도하는 것이 중요하다. 감상 수업을 풍부하게 만드는 프롬프트의 활용 방안을 세 가지 측면에서 살펴본다.

청각장애인과 AI?

능동적 듣기를 촉진하는 프롬프트

음악 감상에서 '듣는다'라는 행위는 단순한 수동적 청취를 넘어선다. 이는 음악적 요소를 분석하고, 개인적 경험과 연결하며, 새로운 의미를 창조하는 능동적 해석 과정이다. 교사와 AI가 협력하여 제시하는 사고 확장형 프롬프트는 학생의 감상을 표면적 반응에서 깊이 있는 음악적 이해로 이끈다. 이러한 심화한 감상 경험을 유도하기 위해서는 다음과 같은 유형의 프롬프트가 필요하다.

첫 번째는 감각적 인지 활성화를 위한 프롬프트다. "음악이 시작된 순간, 당신의 귀에 가장 먼저 들어온 소리는 무엇인가요? 그 소리가 주는 첫인상을 한 단어로 표현해 보세요", "이 곡의 음량 변화를 몸의 움직임으로 표현한다면 어떨까요?", "눈을 감고 들었을 때와 눈을 뜨고 들었을 때의 차이점이 있나요?"와 같은 프롬프트는 학생의 청각, 시각, 신체 감각을 적극적으로 자극하여 음악을 단순히 '듣는 것'을 넘어 '느끼고 반응하는 경험'으로 확장한다. 감각을 매개로 한 인지는 이후의 해석적 감상으로 나아가기 위한 중요한 출발점이 된다.

두 번째로 음악 요소 분석을 위한 프롬프트로 "이 곡의 분위기를 결정하는 핵심 요소 세 가지를 찾아보세요. 리듬, 선율, 화성, 음색, 다이내믹 중에서 선택하고 그 이

유를 설명해 보세요", "같은 선율이 반복될 때마다 어떤 변화가 생기나요? 그 변화가 주는 효과는 무엇인가요?"와 같은 질문을 통해 학생들은 음악을 구성하는 요소에 주의를 기울이며 능동적으로 분석할 수 있다. 이처럼 음악적 구조와 표현 기법을 인식하고 해석하는 과정은 감상의 깊이를 더하고, 비평적 사고로의 전환을 가능하게 한다.

세 번째는 상상력과 해석을 확장하는 프롬프트다. "이 음악을 들으며 떠오른 색깔, 질감, 움직임을 구체적으로 묘사해 보세요. 왜 그런 이미지가 떠올랐을까요?", "이 곡이 영화의 배경음악이라면, 어떤 장면에 어울릴까요? 그 장면을 상세히 그려 보세요", "이 음악을 한 편의 짧은 이야기로 만든다면 어떤 내용이 될까요?" 이러한 프롬프트는 음악을 단지 소리로 인식하는 데 그치지 않고, 이미지, 이야기, 상징으로 확장해 해석하도록 유도한다. 학습자의 상상력과 감성, 그리고 개인적 경험이 개입되는 이 과정은 음악에 대한 몰입도와 표현력을 동시에 길러 준다.

AI는 학생의 개별 반응을 바탕으로 맞춤형 후속 질문을 생성할 수 있다. 예를 들어, 학생이 "슬픈 느낌"이라고 답했을 때 "그 슬픔은 어떤 종류의 슬픔인가요? 이별의 슬픔인지, 그리움의 슬픔인지, 아니면 다른 무엇인지 구체적으로 표현해 보세요"라고 할 수 있다. 또한 학생이 특정 악기를 언급했을 때 "그 악기가 없다면 이 곡의 분위기가 어떻게 달라질까요? 다른 악기로 대체한다면 어떤 악기가 어울릴까요?"라는 후속 질문을 던질 수 있다. 이처럼 AI는 학생의 초기 반응을 단순히 수용하는 데 그치지 않고, 그것을 심화하고, 구체화하는 방향으로 질문을 발전시킬 수 있다. 이는 학생의 감상 경험을 보다 풍부하고 다각적인 음악적 사고로 확장하는 데 중요한 역할을 한다.

체계적 감상문 작성을 위한 프롬프트

음악을 감상한 후 감상문을 작성하는 것은 추상적인 음악 경험을 구체적인 언어로 전환하는 메타 인지적인 활동이다. 이 과정에서 학생은 자신의 감상을 객관화하고, 타인과 소통할 수 있는 형태로 구조화하며, 음악적 어휘를 확장할 수 있다. 감상문 작성에서도 3단계로 구조화된 프롬프트를 통해, 더욱 체계적인 글쓰기를 도모할 수 있다.

먼저 음악에서 느낀 첫인상을 기록하는 도입 단계에서는 "이 곡과의 첫 만남을 기록해 보세요. 언제, 어디서,

어떤 상황에서 들었나요?", "곡 제목이나 작곡가를 알기 전과 후의 기대나 선입견의 변화가 있었나요?"와 같은 프롬프트를 활용할 수 있다. 이러한 도입 단계 프롬프트는 학습자가 음악을 들었을 당시의 개인적 맥락과 정서적 반응을 회상하고 정리하도록 도와준다. 이는 감상을 단순한 소감이 아닌 시간과 상황에 기반한 경험으로 구조화하는 출발점이 되며, 이후의 분석과 해석에 자연스럽게 연결되도록 기반을 마련해 준다.

음악의 흐름을 분석하는 전개 단계에서는 "이 곡을 3~4개의 단락으로 나눈다면 어떻게 구분할 수 있을까요? 각 단락의 특징과 역할을 설명해 보세요", "연주자(또는 지휘자)의 해석에서 가장 인상적인 부분은 어디인가요? 다른 연주 버전과 비교해 보세요", "이 곡에서 발견한 '숨겨진 디테일'이 있다면 무엇인가요?"와 같은 프롬프트를 사용하여 음악의 구조와 표현을 분석적 시선으로 탐색하도록 이끈다. 학습자가 곡의 흐름을 스스로 구분하고, 연주 해석의 차이를 비교하며, 미묘한 요소를 발견하는 과정은 감상문에 깊이와 통찰을 더 하는 핵심 활동이 된다.

음악적 사고의 확장과 자기 성찰이 이루어지는 마무리 단계에서는 "이 곡을 듣기 전과 후, 당신의 음악적 취향이나 관점에 변화가 있었나요?", "이 곡이 당신에게 던진 질문이 있다면 무엇인가요?", "이 경험을 통해 앞으로 어떤 음악을 더 탐색하고 싶어졌나요?"와 같은 프롬프트를 활용할 수 있다. 이러한 프롬프트는 음악을 통해 자신을 되돌아보고, 음악적 정체성과 취향을 재구성하는 성찰의 계기를 마련해 준다. 감상의 끝에서 던지는 이 질문들은 학습자에게 음악과 삶을 연결 짓는 깊은 사고의 기회를 제공하며, 궁극적으로 지속적인 음악 향유자로서의 태도를 형성하는 데 기여한다.

생성형 AI 기반 감상문 작성 지원

음악 감상문을 쓸 때 많은 학생은 글을 어떻게 써야 할지 몰라 어려움을 느낀다. 생성형 AI 언어모델은 글쓰기 교육에서 이미 효과가 입증된 만큼, 감상문 작성에도 이를 적극적으로 활용할 필요가 있다. 생성형 AI는 감상문 작성에서 학습자의 글쓰기 역량을 어휘 확장, 문장 개선, 논리적 연결, 문체 조정과 같은 다양한 측면에서 지원할 수 있다.

먼저, 어휘 확장은 AI는 학습자가 반복적으로 사용하는 제한된 어휘에서 벗어나 다양한 뉘앙스를 지닌 표현을 제안하여 언어적 감수성을 넓히는 데 도움을 준다. 예를 들어 '슬프다'는 감정을 표현할 때, '쓸쓸하다', '애잔하다', '비통하다' 등 정서의 결을 세분화할 수 있는 어휘를 추천받아 감정의 섬세함을 언어로 구체화할 수 있다. 이는 단순히 활용할 수 있는 어휘의 범위가 확장되는 것을 넘어, 자신의 감정과 생각을 보다 정확하고 풍부하게 표현하도록 하는 언어적 사고의 확장으로 이어진다.

다음은 문장 개선 지원으로 학생이 초안으로 작성한 문장을 보다 명료하고 유창한 표현으로 개선하도록 지원한다. AI는 문법적 오류를 수정하는 것뿐만 아니라, 중복된 표현을 정리하고 중심 내용이 선명하게 드러나도록 문장의 구조를 조정한다. 이러한 과정은 학생들의 감상문 작성에서 표현의 명료성과 논리적 일관성을 향상하는 데 도움이 된다. 나아가 글쓰기에서 중요한 핵심 전달력과 문장 구성 능력을 함께 길러 주는 역할을 한다.

감상문의 논리적 연결 또한 지원할 수 있다. 감상문은 개별적인 문장들의 나열이 아니라, 감정과 분석, 해석이 유기적으로 연결되어 하나의 글로 완성되어야 한다. AI는 적절한 전환 표현이나 인과 관계, 비교 대조 구문 등을 제안하여 문단 간 · 문장 간 논리 흐름을 자연스럽게 형성할 수 있도록 한다.

마지막으로, 문체 조정은 목적과 독자에 맞게 글의 어

조와 스타일을 형성하도록 지원하는 것이다. 예를 들어, 학생이 감상문을 에세이 형식으로 작성할 수도 있고, 편지글이나 블로그 게시글처럼 더 개인적이고 비공식적인 형식으로 구성할 수도 있다. AI는 학생의 의도와 맥락에 맞게 문체를 조절하도록 지원함으로써, 학생이 전달하려는 메시지의 효과를 극대화할 수 있도록 한다. 이처럼 다양한 문체를 시도해 보는 과정은 학생이 글을 통해 자신만의 정체성과 관점을 언어적으로 구성해 가는 데 중요한 발판이 된다.

이처럼 AI는 음악 감상문 작성을 다각도로 지원하여, 학습자의 언어 표현력과 사고 확장에 실질적인 도구로 기능하고, 의미 있는 교육적 효과를 끌어낼 수 있음을 시사한다.

참고문헌

문현경(2025). "음악 감상문 작성을 지원하는 생성형 AI 기반 챗봇 프로토타입 개발: 펠트만과 앤더슨의 이론을 중심으로". 《음악교육공학》, 64, 21~42쪽.

배수영(2020). "청소년의 정서발달을 위한 음악감상 지도방안". 《음악교육공학》, 43, 169~187쪽.

정재은·최미영(2016). "음악감상 수업모형의 이론적 탐색". 《교사교육연구》, 55(1), 47~56쪽.

주민재(2023). "생성형 인공지능 시대의 글쓰기 교육 방향 모색: '쓰기

전 단계'에서 ChatGPT 활용에 대한 대학 학습자의 효용성 인식 분석을 중심으로". 《돈암어문학》, 44, 71～103쪽.

05
창작 수업과 프롬프트

AI 기반 음악 생성 도구를 활용한 창작 수업에서 효과적인 프롬프트 설계를 통해 어떻게 학생들의 상상력과 표현력을 실현할 수 있는 형태로 끌어낼 수 있는지 살펴본다. 또한 창작 과정에서 학생들이 기르게 되는 핵심 역량, 교사의 역할 변화, 수업 운영 전략까지 함께 제시한다.

AI 콘텐츠 크리에이터?

AI와 함께하는 음악 창작의 변화

음악 창작 수업은 학생이 자신의 감정과 생각을 음악이라는 매체로 표현하는 교육 과정의 핵심이다. 기존의 창작 수업이 작곡 기보, 이론 분석, 악기 실기 등을 중심으로 진행되었다면, 이제는 AI 도구를 활용해 상상한 음악을 실시간으로 구현하고, 반복적으로 수정하며 완성도를 높여 가는 새로운 방식으로 전환되고 있다. 전통적인 음악 창작 교육에서는 학생이 먼저 악기 연주 기능을 익히고, 음악 이론을 습득한 후에야 본격적인 창작이 가능했다. 이러한 순차적 접근법은 창작에 이르기까지 상당한 시간과 노력이 필요했으며, 음악적 배경이나 지식이 부족한 학생들은 접근하기 어려웠다. 하지만 AI 기반 창작 도구의 등장으로 음악 창작의 다양한 시도가 가능해졌다. 학생들은 이제 복잡한 화성 진행을 암기하지 않아도, 악기를 능숙하게 다루지 못해도, 머릿속에 있는 음악적 아이디어를 곧바로 구현할 수 있게 되었다.

생성형 AI는 학생의 언어적 상상력을 실제 음향으로 전환하는 도구가 되어 주며, 음악 이론에 대한 사전 지식 없이도 창작을 경험할 수 있게 한다. 특히 수노(Suno), 우디오(Udio), 사운드로(Soundraw) 같은 AI 음악 생성 도구는 학습자의 정서 · 주제 · 분위기를 반영한 음악을 빠르게 생성할 수 있으며, 이를 기반으로 다양한 창작 수업을 설계할 수 있다. 더 나아가 이러한 도구들은 단순한 배경 음악 생성을 넘어, 학생이 구상한 복잡한 음악적 서사를 구현해 낼 수 있다. 예를 들어, '비 오는 날의 외로움'을 주제로 한 로파이 힙합이나, '봄의 설렘'을 표현한 어쿠스틱 팝 곡을 몇 분 안에 완성해 낼 수 있다. 심지어 '시험 기간의 불안감을 표현한 일렉트로닉 음악'이나 '할머니와의 추억을 담은 국악 퓨전' 같은 개인적이고 구체적인 주제도 음악으로 구현할 수 있다. 이 과정은 단순한 기술 학습을 넘어, 음악을 통한 자기표현과 정체성 탐색으로 이어진다. 학생들은 자신의 내면을 관찰하고, 이를 음악적 언어로 번역하는 과정을 통해 정서적 성숙과 표현 능력의 확장을 동시에 경험한다.

프롬프트로 설계하는 나만의 음악

AI 기반 창작에서 핵심은 '프롬프트(prompt)'다. 이는 단순한 명령이 아니라 학생의 창의적 의도, 정서, 스타일을 구체적인 언어로 전달하는 창작 도구이자 표현 방식이다. 프롬프트를 효과적으로 작성한다는 것은 곧 자신의 음악적 비전을 언어화할 수 있는 능력을 기르는 것과 같다. 이는 전통적인 작곡가들이 악보나 연주를 통해 자신의 의도를 전달하는 것과 본질적으로 다르지 않다. 다만 그 매개체가 오선지와 음표에서 자연어와 설명적 표현으로 바뀌었을 뿐이다. 음악 프롬프트에는 다음과 같은 요소들이 반영된다.

첫째, 장르와 스타일은 록, 재즈, 국악 퓨전, 발라드, 일렉트로닉, 힙합 등 기본 장르뿐만 아니라 '90년대 감성의 시티팝', '몽환적인 드림팝', '재즈풍 보사노바' 같은 세부 스타일까지 포함한다. 이처럼 장르와 음악의 스타일은 곡의 전반적인 성격을 결정짓는 중요한 요소로 작용하기 때문에, 구체적이고 명확하게 설정할수록 학생들의 의도에 부합하는 음악을 만들어 낼 수 있다.

둘째, 박자와 리듬감은 음악의 속도뿐만 아니라, 주요 리듬을 제시한다. 빠르고 역동적인, 느리고 감성적인, 중간 템포의 그루브한, 불규칙한 박자의 실험적인 등과 같은 리듬의 성격과 속도감을 명시하여 본인이 창작하고자 하는 곡을 표현한다.

셋째, 악기 구성과 편곡이다. 예를 들어, '피아노 중심의 미니멀한', '기타 리프가 강조된', '오케스트라 편성의 웅장한'과 같은 악기 편성은 음악의 분위기와 질감을 결정짓는 핵심 요소다. 따라서 AI 생성 도구에서 이러한 악기 구성을 프롬프트에 구체적으로 반영함으로써, 학생들이 원하는 정서적 표현이나 장면 연출에 적합한 음악을 만들어 낼 수 있다.

넷째, 분위기와 정서다. '어두운', '설레는', '몽환적인', '긴장감 있는', '평화로운', '슬픈' 등 음악이 전달하고자 하는 감정적 톤을 프롬프트에 포함하면, 생성되는 음악의 분위기와 감정 표현이 보다 뚜렷해진다. 이를 통해 학생들은 자신의 감정이나 의도를 음악적으로 구체화하는 경험을 할 수 있으며, 같은 주제라도 정서적 접근에 따라 음악이 어떻게 달라지는지 비교·분석하는 활동도 가능하다.

다섯째, 음악적 구조와 전개 방향이다. '전주-도입부-코러스(Intro-Verse-Chorus)' 형태의 전형적인 팝송 구조나, '점진적으로 고조되는', '반복적인 미니멀 패턴', '즉흥연주 위주의 자유로운 진행'과 같은 표현을 활용하면, 음악의 흐름과 전개 방식에 대한 구체적인 방향을 설정할 수 있다. 이를 통해 학생들은 음악이 어떻게 시작되고 전개되며 마무리되는지를 구상하고, 구조적 구성력도 함께 기를 수 있다. 또한 다양한 형식에 따른 음악의 인상과 감정 변화도 비교해 보며 창작적 표현의 폭을 넓힐 수 있다.

이처럼 학생은 AI에게 단순히 "노래 만들어 줘"라고

말하는 것이 아니라, 세밀하고 구체적인 프롬프트를 작성할 수 있어야 한다. 이 과정에서 학생은 음악 요소를 체계적으로 습득하고, 자신의 감정을 음악적 표현으로 구체화하는 능력을 기르게 된다. 동시에 음악에 대한 어휘력이 확장되면서, 다른 음악을 감상할 때도 더욱 섬세하고 분석적인 시각을 갖게 된다.

창작 수업에서의 프롬프트 설계

프롬프트 기반 창작 수업에서 핵심은 단순히 AI에 입력할 문장을 작성하는 것이 아니라, 음악을 만들기 위해 학생 스스로 창작의 여러 요소를 선택하고 결정해 나가는 과정에 있다. 프롬프트 한 줄은 그저 명령어가 아니라, 학생의 상상과 의도가 압축된 음악적 설계도인 셈이다. 따라서 학생들은 다음과 같은 단계적 사고 과정을 통해 프롬프트를 완성해 갈 수 있다.

첫 번째는 주제와 감정을 발굴하는 단계로 학생 자신의 경험이나 감정을 되돌아보며 '무엇을 표현하고 싶은가?'를 떠올려 보는 것이다. 이를 위한 구체적 접근 방법으로는 최근의 특별한 경험 떠올리기(예 : 첫 발표 후 느꼈던 성취감), 일상의 순간들 포착하기(예 : 즐거운 점심시간), 인상 깊었던 책이나 영화의 감정 이입하기 등이 있다. 이 과정에서 교사는 "왜 이 순간을 특별하게 느꼈을까?", "그때 느꼈던 감정은 무엇이었을까?"와 같은 질문으로 학생들의 내면 탐색을 도울 수 있다.

두 번째는 음악적 분위기를 설정하는 단계로 '어떻게 들려주고 싶은가?'에 대한 고민이 이루어진다. 전 단계에서 정해진 주제에 어울리는 정서적 분위기를 고려하여 프롬프트에 사용할 단어를 탐색한다. 이때, 단순히 '밝다', '어둡다'가 아닌, 보다 미세하게 감정을 묘사하는 것이 중요하다. 예를 들어 '설렘'이라는 감정은 '두근거리며 경쾌한', '은은하게 따뜻한', '불안하면서도 기대되는' 등으로 구체화할 수 있고, '그리움'은 '아련하고 몽환적인', '애절하고 서정적인', '진진하면서 깊은' 등으로 세분화하여 표현할 수 있다. 이처럼 음악적 분위기를 표현하기 위해 감정을 세밀하게 구분하는 과정은, 학생들이 감정의 다양성과 뉘앙스를 인식하고 분석하는 능력을 키우는 데 도움을 준다.

세 번째는 장르와 사운드를 선택하는 단계로 '어떤 음악 스타일이 어울릴까?'를 생각하며 감정과 분위기에 맞는 음악 장르와 편곡 방향을 설정한다. 이 과정에서 학생들은 다양한 음악 스타일을 탐색하고 비교하며, 장르별 특징을 자연스럽게 학습할 수 있다. 예를 들어 따뜻한 추억에 대한 음악을 표현하며 어쿠스틱의 기타 중심으로 악기를 편성할 수 있고, 도시적 감성을 나타낼 때는 시티팝이나 R&B로 장르를 설정하고 신시사이저와 베이스라인을 강조할 수 있다. 이러한 과정에서 학생들은 "왜 이 장르가 내 감정에 어울린다고 생각하는가?"를 스스로 질문하며, 음악적 요소와 감정 사이의 연결 고리를 발견할 수 있다. 이때 중요한 것은 기존의 형식이나 장르에 얽매이지 않고, 학생의 상상력을 바탕으로 자유롭고 창의적인 시도를 해보는 것이다. 이처럼 유연한 실험이 가능하다는 점이 AI 기반 창작 수업의 큰 강점이다.

네 번째는 음악의 시간적 흐름을 설계하는 단계로 '어떤 구조로 들려줄까?'를 상상하며 곡의 전개 방식과 구조를 결정하는 것이다. 학생들은 음악을 통해 이야기를 어떻게 전개할지 구상하면서, 시간 예술로서의 음악을 이해하고 조직하는 핵심 역량을 기를 수 있다. 학생들이 자주 활용할 수 있는 대표적인 전개 방식은 다음과 같다.

반복 중심 구조: 같은 패턴을 반복하며 안정감과 몰입감을 주는 방식.

[예: 미니멀 음악, 로파이(Lo-fi) 등에서 자주 사용]

점층적 전개: 조용한 시작에서 점점 음악이 커지고 풍성해

지며 극적인 효과를 주는 방식.

(예: 영화 배경음악처럼 감정을 고조시킬 때 사용)

대조적 구성: 차분한 구간과 강렬한 구간을 교차시켜 대비와 긴장감을 주는 방식.

(예: 잔잔한 벌스 + 폭발적인 후렴 구조의 팝 음악)

순환 구조: 곡의 처음 멜로디나 리듬이 다시 등장하면서 마무리되는 형식.

(예: 이야기처럼 처음으로 되돌아가 여운을 남김)

이처럼 음악의 구조를 설계하는 일은 학생이 음악의 진행 방향과 감정 변화를 어떻게 구성할지 고민해 보고, 듣는 사람에게 어떤 감정적 여정을 전달하고 싶은지 스스로 구성해 보는 중요한 창작 단계다. 따라서 프롬프트를 만들 때 이 흐름을 함께 고려하면, AI가 생성한 곡도 더 명확한 방향성을 가질 수 있다.

이렇게 완성된 프롬프트는 단순한 명령어를 넘어, 학생의 상상력 · 감정 · 음악적 사고가 응축된 창작 언어가 된다. AI는 사용자의 언어를 해석해 음악을 생성하며, 학생은 그 결과물을 직접 듣고 자신의 의도와 얼마나 일치하는지를 비교해 본다. 이 과정에서 핵심은 단 한 번의 프롬프트로 완성된 곡을 얻으려는 것이 아니라, 여러 차례의 수정과 실험을 거치며 점차 자신이 원하는 방향으로 곡을 다듬어 가는 경험이다. 예를 들어 처음에는 단순히 '슬픈 발라드'라고 입력했더라도, AI가 생성한 음악을 듣고 나면 '이별 후 혼자 남은 방에서 느끼는 쓸쓸함을 표현한 피아노 발라드'처럼 구체적인 정서나 상황을 덧붙이게 되고, 이후에는 '이별 후 혼자 남은 방의 정적을 표현한 미니멀 피아노 발라드, 느린 템포, 간헐적인 현악기 선율, 점차 희망적으로 변화'처럼 더욱 섬세하게 표현 방식을 조율하게 된다. 이처럼 반복적으로 프롬프트를 수정하는 과정에서 학생은 자신의 감정과 음악적 의도를 구체화하고, 언어로 표현하는 능력을 기르게 된다. 결국 이 수업에서 가장 중요한 학습은 완성된 음악 그 자체가 아니라, 원하는 결과를 얻기 위해 AI와의 상호 작용을 통해 사고를 정제하고 표현을 발전시켜 나가는 프롬프트 설계의 과정에 있다. 학생들은 추상적 감정을 구체적 음악 언어로 번역하는 능력을 기르며, 창작의 핵심인 선택과 결정의 과정을 체험하게 된다. 이는 단순히 음악 교육을 넘어서, 자기 내면을 탐색하고 표현하는 종합적 창의 교육으로 발전할 수 있다.

AI 창작 수업의 교육적 효과

AI 창작 도구는 음악적 지식이 부족한 학생도 적극적으로 창작에 참여할 기회를 제공한다. 피아노를 배울 경제적 여건이 안 되거나, 음악 이론을 체계적으로 학습할 기회가 없었던 학생들도 이제 자신의 창의적 아이디어를 음악으로 구현해 볼 수 있게 되었다 이는 모든 학습자가 동등하게 학습에 참여할 수 있다는 점에서 교육적 의의를 지닌다. 동시에, 프롬프트 설계와 반복 수정을 통해 학생은 추상적 감정과 생각을 음악적으로 구체화하는 표현 능력을 키운다. 이 과정에서 언어적 표현력, 메타인지 능력, 창의적 문제 해결력, 음악적 감수성과 같은 역량이 향상된다. 나아가 AI로 생성한 음악을 발표하고, 서로 피드백하는 과정을 통해 협업 능력과 디지털 리터러시 또한 도모할 수 있다. 특히 AI 도구를 활용하면서 자연스럽게 기술과 인간의 협업 방식을 경험할 수 있고, 이를 통해 미래 사회에서 요구되는 핵심 역량들을 자연스럽게 익힐 수 있다.

음악 창작 수업에서 AI를 단순히 결과만 만들어 주는 도구로 여기는 것은, 그 안에 담긴 교육적 가능성과 활용 가치를 충분히 반영하지 못한 시각이다. 오히려 학생이 표현하고자 하는 바를 더 풍부하고 세련된 방식으로 실현하도록 돕는 확장된 악기로 바라보아야 한다. 마치 화가가 붓과 물감을 사용하여 캔버스에 상상을 그려 내듯, 학생들은 AI 도구와 프롬프트를 사용하여 자신의 음악적 상상을 현실로 구현해 낸다. 이 과정에서 중요한 것은 기술 자체가 아니라, 그 기술을 통해 '무엇을 표현할 것인가'에 대한 깊은 성찰이다. AI가 아무리 뛰어난 음악을 생성한다 하더라도, 그 음악에 담긴 이야기와 의미는 오직 인간만이 부여할 수 있기 때문이다.

따라서 교사는 이 과정에서 학생의 언어를 음악으로 번역할 수 있도록 안내하고, 창작의 본질적인 의미와 책임을 함께 성찰하는 역할을 하게 된다. 단순히 기술 사용법을 가르치는 것을 넘어, 학생이 자신의 목소리를 찾고 이를 음악을 통해 세상과 나눌 수 있도록 돕는 것이 핵심이다.

참고문헌

김립·김남규(2024). "프롬프트 기반 학습의 성능 향상을 위한 의미 기반 프롬프트 선택 방법론". 《한국컴퓨터정보학회논문지》, 29(4), 9~21쪽.

김영후(2024). "생성형 AI 기반 플랫폼을 활용한 중학교 창작수업 전략모형 개발과 효과성에 관한 연구". 《음악교육연구》, 53(3), 1~22쪽.

박은지(2024). “최근 인공지능 음악 생성기에 대한 심층 분석”. 《한국예술연구》, 44, 5～30쪽.

박휴용(2024). “생성형 AI의 등장과 음악 창작 환경의 변화”. 《미래음악교육연구》, 9(1), 83～114쪽.

유현주(2022). “인공지능의 음악 창작 사례 연구: 구글의 인공지능 마젠타 프로젝트 사례를 중심으로”. 《차세대융합기술학회논문지》, 6(9), 1737～1745쪽.

06
학생이 만드는 프롬프트

생성형 AI 수업의 초기에는 대부분 교사의 프롬프트를 활용하지만, 일정 수준의 경험이 쌓이면 학생이 직접 프롬프트를 설계하는 '프롬프트 메이킹'으로 확장할 필요가 있다. 학생들이 질문의 깊이와 범위를 조절할 수 있도록 프롬프트 설계의 단계별 전략과 구체적인 예시를 함께 제시한다.

AI와 민주주의?

프롬프트 메이킹

프롬프트를 만든다는 것은 AI가 의미 있는 응답을 생성할 수 있도록 사고의 흐름을 구조화하고 언어화하는 과정이다. 학생들은 자신이 알고 싶은 것, 더 깊이 탐구하고 싶은 방향을 스스로 설정하면서 '문제 인식 → 정보 요청 → 응답 예측'이라는 복합적 사고 과정을 경험하게 된다.

음악 교육에서도 생성형 AI를 활용하면서, 프롬프트 메이킹은 특히 중요한 교육적 의미를 지닌다. 음악적 경험은 본질적으로 감각적이고 정서적인 영역이지만, 이를 언어로 표현하고 구조화하는 과정은 감성과 이성의 통합적 발달을 촉진하는 영역이기 때문이다. 예를 들어, 한 학생이 드뷔시의 '달빛'을 듣고 "몽환적이다"라고 느꼈다면, 이를 "드뷔시가 '달빛'에서 몽환적 분위기를 만들어 내기 위해 사용한 화성적 기법과 선율적 특징이 무엇인지 설명해 줘"와 같은 구체적인 프롬프트로 재구성할 수 있다. 이러한 과정을 통해 학생은 자신의 감정과 느낌을 구체적인 언어로 표현하는 능력을 증진할 수 있다.

학생이 직접 프롬프트를 설계하는 활동은 기존의 교사 주도형 수업과 본질적으로 다른 접근이다. 교사가 미리 준비한 질문에 따라 학습하는 것이 아니라, 학생이 자신의 호기심과 관심사에서 출발하여 탐구할 내용을 스스로 결정하는 과정이기 때문이다. 이때 학생은 자신이 무엇을 알고 싶어 하는지, 어떤 방식으로 질문을 구성해야 원하는 답을 얻을 수 있는지를 고민하게 된다. 예를 들어, 쇼팽의 '빗방울 전주곡'을 감상한 한 학생은 처음에는 막연히 '이 곡이 왜 유명하지?'라고 생각했지만, 자신만의 프롬프트를 설계하는 과정에서 "쇼팽이 이 곡을 작곡할 당시 머물고 있던 마요르카섬의 환경과 그의 심리 상태가 음악에 어떻게 반영되었는지, 특히 반복되는 A♭음이 만들어 내는 효과를 중심으로 분석해 줘"와 같이 구체적인 질문으로 발전시킬 수 있다.

체계적인 프롬프트 설계

효과적인 프롬프트 메이킹에서 중요한 것은 질문의 범위를 적절히 조절하는 것이다. 너무 광범위한 질문은 피상적인 답변을 끌어내기 쉽고, 지나치게 세부적인 질문은 오히려 전체 맥락을 놓치게 만들 수 있다. 예를 들어, "베토벤에 대해 알려 줘"보다는 "베토벤 후기 작품인 현악 4중주 Op. 131에서 전통적인 소나타 형식이 어떻게 변형되었는지 설명해 줘"와 같은 질문을 구성하는 것이,

보다 구체적이고 유의미한 정보를 얻을 수 있다. 이처럼 체계적인 프롬프트 설계를 위해서는 단순한 질문 작성이 아니라, 사고의 흐름에 기반한 구조적 접근이 필요하다. 이를 위해 학습자의 인지 과정을 반영한 단계별 프롬프트 설계의 틀을 다음과 같이 제시한다.

첫 번째 단계는 호기심 발견이다. 학생이 음악을 듣고 느낀 감정이나 궁금한 점을 자유롭게 표현하는 과정에서 "이 곡에서 가장 인상적인 부분은 어디인가요?" 또는 "이 곡을 들으면서 어떤 점이 더 알고 싶어졌나요?"와 같은 질문을 통해 탐구의 출발점을 마련한다.

두 번째 단계는 질문의 구체화다. 막연한 호기심을 구체적인 질문으로 변환하는 과정으로, '슬프다'는 감정을 "어떤 음악적 요소가 슬픔 감정을 끌어내는 것일까?"로 구체화하는 것이다. 이 과정에서 학생은 자신이 느낀 감정을 설명하기 위해 화성, 조성, 리듬, 음색 등 구체적이고 전문적인 음악 요소에 자연스럽게 접근하게 되며, 이는 곧 어려운 음악 개념에 대해서도 스스로 학습하고 이해할 수 있는 계기를 마련해 준다.

세 번째 단계는 맥락 설정이다. 음악에서는 곡이 만들어진 시대적 상황, 문화적 배경, 작곡가의 성향이나 음악적 스타일이 작품의 형식과 표현에 큰 영향을 준다. 따라서 프롬프트를 설계할 때는 이러한 맥락적 요소를 반드시 고려함으로써, 곡에 담긴 의미와 구조를 보다 깊이 탐구할 수 있게 하고, 더 풍부하고 의미 있는 설계로 확장되도록 해야 한다. 예를 들어, "이 곡이 작곡된 당시의 역사적 · 사회적 분위기가 음악에 어떻게 반영되었나요?", "이 곡을 동시대 작곡가들의 작품과 비교했을 때, 유사점과 차별점은 무엇인가요?"와 같은 프롬프트는 학생들이 단순한 청취를 넘어, 맥락을 고려한 감상으로 나아갈 수 있도록 한다.

네 번째 단계는 응답 형식 지정이다. 원하는 답변의 형태와 깊이를 구체적으로 제시하여 "표로 정리해 줘", "초보자도 이해할 수 있게 설명해 줘" 등과 같이 조건을 명확히 한다. 이를 통해 AI가 학습자의 의도를 정확하게 파악하고, 학습 목적에 부합하는 방식으로 정보를 제공할 수 있게 되며, 학생은 자신의 이해 수준에 맞춘 답변을 얻을 수 있다.

프롬프트 메이킹과 인지적 역량

AI를 활용할 때, 학습자는 단순히 정보를 받아들이는 수용자 역할을 넘어서 주어진 응답을 평가하고 조정하는 능동적인 사고의 주체가 되어야 한다. 특히 학생이 직접 프롬프트를 설계하고 AI와의 상호 작용을 통해 답변을 유도하는 과정은 다양한 인지적 능력을 자연스럽게 발달시키는 중요한 학습 경험이 된다. 이 과정에서 학생은 정보를 비판적으로 검토하고, 질문을 정교하게 다듬으며, 자신의 사고와 학습 전략을 성찰하는 능력을 기르게 된다. 여기에는 다음과 같은 핵심 역량이 요구된다.

첫 번째로, 정보 검증 능력은 "이 정보는 신뢰할 수 있을까?", "다른 출처에서도 같은 내용을 확인할 수 있을까?", "AI의 답변에 편향이나 오류는 없을까?"와 같이 제공된 정보를 비판적으로 분석하고, 그 타당성과 신뢰성을 판단할 수 있는 능력이다. 이러한 사고 과정은 학생이 정보의 출처와 타당성을 판단하고, 다양한 관점을 비교하며 더 신중하게 지식을 구성할 수 있게 한다.

두 번째로 질문 개선 능력은 자신이 만든 질문이 너무 단순하거나 모호하다는 것을 인식하고 이를 개선하는 능력이다. 예를 들어, "재즈 음악의 특징이 뭐야?"라는 일반적인 질문에서 출발하여, "학교 밴드에서 재즈 음악을 연주하는데, 클래식과 무엇이 다르게 연주해야 하는지, 특히 리듬감이나 표현 방식에서 주의할 점은 무엇인지 알려 줘"처럼 구체적이고 맥락을 반영한 질문으로 발전시킬 수 있다. 이 과정을 통해 학생은 질문의 구조, 명확성, 목적 적합성을 점검하고, 더 깊이 있는 탐구를 위한 질문 전략을 스스로 구성하게 된다.

세 번째로 메타 인지 능력은 "지금 내가 어떤 방식으로 생각을 전개하고 있는가?", "이 질문 전략이 효과적인가?", "더 적절한 방식은 없을까?"와 같이 자신의 사고와 학습 과정을 객관적으로 성찰하고, 상황에 따라 전략을 조정할 수 있는 인지적 자기 조절 능력이다. 이를 통해 학생은 자신의 학습 과정과 사고방식을 객관적으로 관찰하고, 효과적인 질문 전략과 비효과적인 질문 전략을 구분하며, 학습 상황에 따른 최적의 질문 방식을 선택할 수 있다.

네 번째로 자기 조절 학습 능력이다. 프롬프트 활동은 단순한 질문 작성이 아닌, 자기 조절 학습 능력을 신장시키는 과정이다. 학생은 어떤 질문이 더 효과적이었는지, 어떤 접근이 더 깊이 있는 탐색을 가능하게 했는지를 스스로 평가하며, 이를 통해 점차 자신만의 학습 전략을 수립할 수 있다. 예를 들어, 한 학생은 구체적인 작품을 중심으로 질문할 때 더 명확한 답을 얻을 수 있다는 것을 발견하고, 다른 학생은 역사적 맥락과 연결해서 질문할 때 더 흥미로운 탐구가 가능하다는 것을 스스로 깨닫는다.

협력적 프롬프트 활동

학생이 만든 프롬프트에 대해 서로 피드백을 주고받는 활동을 수업에 포함할 수 있다. 이 과정을 통해 학생은 타인의 질문 방식을 참고하며 사고의 폭을 넓히고, '좋은 질문'이란 무엇인가에 대한 기준을 스스로 형성하게 된다. 학생들이 서로의 프롬프트를 공유하고 피드백하는 과정도 중요한 학습 경험이다. 다른 학생의 질문을 보면서 자신이 생각하지 못한 관점을 발견하고, 같은 주제에 대해서도 다양한 접근이 가능하다는 것을 깨닫게 된다. 예를 들어, 슈베르트의 '겨울 나그네'에 대해 한 학생은 "슈베르트의 가곡에서 피아노 반주가 단순한 반주를 넘어 음악의 전개나 감정의 흐름을 어떻게 이끄는지 분석해 줘"라고 질문하고, 다른 학생은 "슈베르트의 '겨울 나그네'에서 느껴지는 외로움이나 쓸쓸한 감정이, 19세기 낭만주의 문학에서 나타나는 정서들과 어떻게 연관되는지 설명해 줘"라고 질문할 수 있다. 이처럼 서로 다른 관점에서 접근한 질문들을 공유하면서 학생들은 하나의 작품을 다각도로 탐구할 수 있는 시각을 기를 수 있다.

프롬프트 메이킹의 교육적 효과

앞서 살펴본 프롬프트 메이킹의 설계 방법은 학생들의

사고방식과 학습 태도에 본질적인 변화를 불러오는 교육적 접근 방식이다. 학생이 직접 질문을 설계하고 AI와 상호 작용하는 과정은 전통적인 수업 방식에서는 얻기 어려운 독특한 학습 경험을 제공한다. 이처럼 프롬프트를 스스로 만드는 활동은 다음과 같은 교육적 효과를 기대할 수 있다.

첫째, 학습자의 역할 전환을 통한 주체성을 확립할 수 있다. 프롬프트 메이킹은 학생을 단순 수용자가 아닌 적극적 생성자로 참여하게 만들며, 수동적 학습자에서 능동적 탐구자로 전환한다. 자신이 알고자 하는 것을 정리하고, 그것에 적합한 방식으로 AI를 활용하는 과정은 자연스럽게 자기 주도적 학습의 틀을 형성한다.

둘째, 목표 설정의 주체화를 통해 내재적 학습 동기를 강화할 수 있다. 학생이 스스로 학습 목표를 설정하고 이를 달성하기 위한 질문을 설계하면서, 교사가 제시한 목표가 아닌 학생의 내재적 동기에서 출발한 지적 탐구가 이루어질 수 있다.

셋째, 학습의 진행 속도와 탐구 방향을 학습자 스스로 조절할 수 있다. 프롬프트 메이킹은 학습자 각자의 이해 수준과 관심사에 따라 질문의 난이도와 방향을 조절할 수 있다. 예를 들어, 빠른 학습자는 더 깊이 있는 질문을,

느린 학습자는 기초적인 질문을 설계함으로써 개별화된 학습이 가능하다.

넷째, 성취감과 책임감을 경험할 수 있다. 학습자는 자신이 만든 질문을 통해 답을 얻고, 이 과정에서 성취감을 느끼며, 동시에 질문의 질과 결과에 대한 책임감을 가지며 학습에 대한 주인의식을 함양한다.

학생 중심의 프롬프트 활동이 성공적으로 이루어지기 위해서는 학생들이 실패를 두려워하지 않는 환경이 조성되어야 한다. 처음에는 막연하거나 부정확한 질문을 만들 수 있지만, 이를 통해 점진적으로 더 나은 질문을 만들어가는 과정 자체가 중요한 학습이다. 교사는 학생들의 질문을 평가하기보다는 그들이 자신의 질문을 스스로 발전시킬 수 있도록 안내하는 역할을 해야 한다.

참고문헌

박다해(2024). "OpenAI 저작도구를 활용한 음악 수업 설계 연구: Prompt 기반의 생성형 AI 저작도구 중심으로". 《미래음악교육연구》, 9(1), 55~81쪽.

신주은 외(2023). "프롬프트 엔지니어링 교육이 초등학생의 인공지능 관련 태도에 미치는 영향". 《정보교육학회논문지》, 27(5), 635~644쪽.

헤드라인 제주(2024.11.26). "[정은실의 스토리가 있는 고전음악감상](26) 쇼팽의 빗방울 전주곡(Raindrop prelude)

Op.28, No.15".
http://www.headlinejeju.co.kr/news/articleView.html?idxno=558105

07
교사가 만드는 프롬프트

AI 시대 교실에서 교사의 가장 중요한 역할 중 하나는 '좋은 질문'을 만드는 것이다. 교사가 교육적 목표와 학습자의 수준을 고려하여 정교하게 설계한 프롬프트가 어떻게 수업의 질을 높이고, 학생의 사고를 유도하며, AI와의 상호 작용을 교육적으로 의미 있게 만들 수 있는지를 다룬다.

AI와 애니메이션?

전략적 언어 도구로서의 프롬프트

전통적인 교실에서 교사의 질문이 학생의 이해도를 확인하거나 정답을 유도하는 데 그쳤다면, AI 시대의 교사 질문은 더 전략적이고 다차원적이다. 교사는 학생이 AI와 상호 작용할 때 어떤 사고 과정을 거치게 할 것인지, 어떤 정보를 탐색하게 할 것인지, 어떤 창의적 결과물을 만들어 내게 할 것인지 프롬프트를 통해 설계한다. 따라서 교사가 설계하는 프롬프트가 효과적인 학습을 이끄는 전략적 도구가 되려면, 다음과 같은 점을 고려해야 한다.

첫째, 학생들의 사고를 자극해야 한다. 전통적인 수업에서는 교사가 정해진 지식이나 개념을 학생에게 전달하고, 이를 확인하는 질문이 주를 이루는 경우가 많았다. 하지만 생성형 AI를 활용한 수업에서는, 학생이 '왜?', '어떻게?', '만약에?'와 같은 탐구적 질문을 스스로 던지고, 그에 대한 다양한 관점을 AI와 함께 탐색하는 방식으로 확장할 수 있다. 예를 들어, "드뷔시의 음악적 특징을 설명하시오"보다는, "만약 드뷔시가 오늘날 영화 음악을 작곡했다면, 어떤 장르에 잘 어울렸을까? AI에게 드뷔시의 음악 스타일을 분석하게 하고, 그 결과를 바탕으로 상상해 보세요"와 같은 질문을 던짐으로써, 학생들의 사고를 확장할 수 있다. 이처럼 교사의 프롬프트는 학생이 음악을 새로운 시각에서 바라보고 자신만의 해석을 시도하도록 이끌어야 한다. 특히 생성형 AI와의 상호 작용을 통해 학생은 다양한 가능성을 탐색하고, 정답이 아닌 '자신만의 관점'을 만들어 가는 경험을 한다. 이는 결국 음악을 지식이 아닌 사고와 표현의 대상으로 인식하게 만드는 중요한 출발점이 된다.

둘째, 학생들의 표현을 유도해야 한다. AI를 활용한 수업에서는 학생들이 자기 생각과 감정을 다양한 방식으로 표현하고, 그 과정을 통해 음악을 더 깊이 이해할 수 있도록 하는 질문이 필요하다. 전통적인 수업에서는 종종 "작곡가의 의도를 설명하시오"나 "음악의 형식을 분석하시오"와 같은 단편적인 정보를 요구하는 질문이 많았다. 하지만 생성형 AI를 활용하는 수업에서는 학생의 상상력과 감성을 담아 표현할 수 있도록 유도하는 질문을 구성하는 것이 중요하다. 예를 들어 "고전주의 음악의 특징을 설명하시오"보다는, "만약 모차르트가 현재 K-pop 프로듀서가 된다면 어떤 음악을 만들까요? 고전주의 특징을 현대적으로 재해석해 보고, AI에게 실제 가능한 음악적 접근법을 물어보세요"와 같은 프롬프트를 제시하는 것이, 학생으로 하여금 음악을 자신만의 언어로 재구성하고 전달할 수 있도록 한다. 이처럼 다양한 표현 형식을 허용하는 질문은 학생의 개성과 창의성을 드러내는 기회를 제공하고, 음악 감상의 몰입도를 한층 높여 주는 중요한 도구가 된다.

셋째, 학습을 개별화해야 한다. 같은 수업이라도 학생마다 흥미, 이해 수준, 표현 방식이 다르므로, 프롬프트는 이를 고려한 개별화 전략을 담고 있어야 한다. 예를 들어 '베토벤 교향곡 5번의 주제와 변주 기법의 이해'라는 동일한 학습 목표를 달성하기 위한 개별화 전략으로 시각적 학습자에게는 "이 곡의 주제를 들으면서 그래프나 도형으로 그려 보세요. 주제가 변화할 때마다 색깔이나 모양이 어떻게 달라지는지 시각화하고, AI에게 여러분이 그린 패턴이 음악 이론상 어떤 변주 기법과 연결되는지 확인해 보세요"라고 할 수 있고, 언어적 학습자에게는 "이 곡의 주제를 하나의 '문장'이라고 생각하고, 그 주제가 변주될 때마다 어떻게 다른 '문체'로 표현되는지 글로 써 보세요. 예를 들어 '단호한 선언문', '속삭이는 대화', '격렬한 토론' 등으로 묘사하고, 여러분이 쓴 언어 표현이 음악의 어떤 기법과 유사한지 AI에게 질문해 보세요"라고 할 수 있다. 이처럼 교사가 설계하는 프롬프트는 획일화된 과제를 제시하는 데서 벗어나, 학습자들이 각자의 강점을 활용해 음악을 탐구하고 표현할 수 있도록 기회를 제공해야 한다. 이는 학생의 몰입도와 자발성을 높일 뿐 아니라, 수업의 포용성과 교육적 효과를 동시에 확장하는 전략이 된다.

학생 프롬프트에 대한 교사의 피드백 전략

학생들의 학습을 심화하고 사고를 확장하기 위해, 교사가 학생의 질문에 대해 적절한 피드백을 제공하는 것은 교육적으로 매우 중요하다. 교사의 피드백은 학생의 질문이나 답변에 대해 단순히 옳고 그름을 판단하는 것이 아니라, 학습 과정에서 형성되는 사고 흐름을 정교하게 다듬고, 이를 바탕으로 질문의 구조를 개선하도록 유도하는 데 그 의미가 있다. 이를테면, 교사는 학생의 의도 · 배경지식 · 관심사를 고려한 맥락형 피드백을 통해, 학생이 자신의 사고를 메타적으로 인식하고 개선할 수 있도록 도울 수 있다. 예를 들어, "이 질문은 틀렸어"보다는 "이 질문을 조금 더 구체적으로 만들면 어떨까?"와 같은 방식의 피드백을 주는 것이 교육적으로 더 효과적이다.

학생이 만든 프롬프트의 질을 높이고, 사고를 한층 더 확장하기 위해서는 교사가 학생의 질문을 다각도로 분석하여 학생의 성장을 지원하는 피드백을 제공해야 한다. 이때 고려해야 할 요소들은 다음과 같다.

첫째, 질문의 초점을 명확히 한다. 교사는 "이 질문의 핵심은 무엇인가요?"라고 질문함으로써, 학생이 무엇을 궁금해하는지, 어떤 정보를 얻고 싶어 하는지 명확히 하도록 돕는다. 이를 통해 막연한 질문을 구체적이고 집중된 질문으로 발전시킬 수 있다.

둘째, 질문에 맥락을 추가한다. "시대적 배경을 더하면 더 깊이 있는 질문이 되지 않을까요?"와 같이 학생의 질문이 개념이나 시대 · 문화적 배경, 작곡가의 의도 등과 연결될 수 있도록 유도한다. 이처럼 적절한 맥락을 추가함으로써 생성형 AI로부터 더욱 풍부한 답변을 끌어내고, 학생의 탐구가 보다 깊이 있고 통합적인 방향으로 확장되도록 한다.

셋째, 질문에 담긴 표현을 조정한다. 학생이 사용하는 용어나 문장의 구조가 모호하거나 추상적일 경우, 교사는 "이 표현이 다소 모호한데, 음악 용어나 구체적인 사례를 넣어 보는 건 어떨까?", "단순히 '감동적'이라는 말보다는 어떤 음악적 요소가 그렇게 느껴지게 했는지 더 자세히 써 볼 수 있을까?"와 같은 구체적인 피드백을 제공할 수 있다. 교사의 이러한 피드백은 질문의 명확성과 전달력을 높이고, 학생이 자신의 사고를 더 정밀하게 언어화하는 데 도움을 준다. 나아가 학생이 비판적으로 언어를 다루고, 표현의 효과를 스스로 점검하는 메타 인지적 역량으로 이어질 수 있다.

이와 같은 교사의 피드백 전략은 단순히 질문을 수정하거나 보완하는 수준을 넘어, 학생이 스스로 자신의 사고 과정을 점검하고 발전시킬 수 있도록 한다. 교사의 피드백이 정교할수록 학생은 더욱 주체적으로 생각하고, 자신의 질문을 깊이 있게 다듬어 가는 경험을 통해 사고력과 표현력을 함께 성장할 수 있게 된다.

프롬프트 기반 수업 평가와 성찰

AI 기반 수업의 성패는 프롬프트의 질에 달려 있다고 해도 과언이 아니다. 수업에서 생성형 AI를 효과적으로 활용하고자 한다면, 교사는 프롬프트를 단순한 질문이 아닌 학습을 유도하는 전략적 도구로 다루어야 하며, 그 결과를 자세히 평가하고 반성하며 성찰해야 한다. 무엇보다 중요한 것은 학생의 사고와 학습 변화가 프롬프트를 통해 어떻게 유도되고 확장되었는가를 지속적으로 관찰할 필요가 있다. 이를 위해 교사는 먼저 학생들의 질문이 어떻게 발전해 나가는지를 기록하고 분석한다. 수업 초기에 단순하거나 모호했던 질문이 점차 구체적이고 사고 확장형 질문으로 바뀌는 과정을 추적함으로써, 학생의 인지적 성장과 학습 동기의 변화를 평가한다. 특히 AI의 답변을 비판적으로 검토하거나 그에 대한 후속 질문을 생성하는 과정은 학생의 사고 과정이 실시간으로 드러나는 순간이다. 따라서 교사는 학생이 이를 어떻게 활용하고 해석하며 재구성하는지도 함께 관찰해야 한다.

수업이 끝난 후에는 교사가 설계한 프롬프트가 실제 수업 흐름 속에서 어떻게 작동했는지를 검토해야 한다. 프롬프트가 학습자의 참여를 유도했는지, 기대했던 사고 수준으로 이끌었는지, 혹은 오히려 수업의 흐름을 제한하거나 왜곡하진 않았는지를 점검하는 것이다. 이는 단순한 수업 후 평가가 아니라, 교사 자신의 질문 설계 역량을 주기적으로 점검하고 성찰하여 교사의 전문성을 발전시키는 과정이다. 예를 들어, 교사는 다음과 같은 질문을 스스로 던지며 프롬프트 설계 역량을 점검할 수 있다. "내가 제시한 이 질문은 학생들의 사고를 얼마나 다양하게 유도했는가?", "이보다 더 효과적인 질문을 만들 수는 없을까?", "AI의 응답이 학생의 사고를 확장하는 데 기여했는가, 아니면 단순한 정보 제공에 머물렀는가?"와 같은 성찰은, 교사의 질문이 수업에서 어떤 역할을 했는지를 냉철히 점검하게 하고, 이후 수업에서 더욱 정교한 질문을 설계하는 데 발판이 된다.

이러한 평가와 성찰은 학습 과정에서 수집된 데이터를 교육적으로 활용할 수 있는 토대를 마련한다. 학생이 어떤 유형의 질문을 반복적으로 사용하는지, AI의 어떤 답변에 긍정적 반응을 보였는지, 이러한 상호 작용이 학습 결과물에 어떻게 반영되었는지를 종합적으로 분석하면, 개별 학생의 사고 흐름과 이해 수준을 파악할 수 있다. 이는 점수화된 결과 중심의 평가를 넘어, 사고의 변화와 학습 전략의 진화를 추적하는 과정 중심 평가이자 교육적 진단이다.

결국 AI 시대의 교사는 단순한 기술 사용자에 머물지 않고, 기술을 교육적으로 설계하고 조율하는 전문가로서의 역할을 수행해야 한다. 프롬프트 설계 역량은 이러한 교사 전문성의 핵심이며, 교사가 만든 질문의 질이 곧 학생의 사고 수준을 결정짓고, 교사의 피드백이 학생의 학습 방향을 이끌게 된다. AI는 이 모든 상호 작용을 돕는 수단일 뿐이며, 교육의 본질은 여전히 교사와 학생 사이에서 이루어지는 의미 있는 질문과 응답의 대화에 있다. 따라서 향후 교사의 역할은 정보를 전달하는 존재에서 사고를 자극하는 촉진자로, 정답을 제공하는 존재에서 깊이 있는 질문을 만드는 설계자로 변화하게 될 것이다. 이 변화의 중심에는 프롬프트 설계와 그것에 대한 평가 및 성찰이 자리하고 있으며, 이를 통해 교사는 AI 시대에도 교육의 중심에서 학생의 학습을 이끄는 핵심 주체로 남을 수 있다.

참고문헌

김연주(2025). "AI 시대의 프랑스 언어·문화 통합교육에서 챗GPT 프롬프트 설계 및 수업 적용 방안 연구". 《프랑스 문화 연구》, 65(1), 229~270쪽.

김지일(2024). "프롬프트 기반 학습 모형 개발 연구". 《교육정보미디어연구》, 30(1), 55~79쪽.

오세준(2023). "수학 문제 해결에서 효과적인 ChatGPT의 프롬프트 고찰: 이차방정식과 이차함수를 중심으로". 《수학교육논문집》, 37(3), 545~567쪽.

한국교육과정평가원(2020). "학교 교육에서의 인공지능(AI) 활용 방안 탐색". 연구보고 RRI 2020-2.

08
수업에 바로 쓰는 프롬프트 템플릿

음악 교과의 연주, 감상, 창작 수업에서 바로 활용할 수 있는 프롬프트 템플릿을 소개한다. 수업의 도입, 전개, 정리 단계에 맞춰 구성된 프롬프트는 교사의 수업 설계에 즉각적인 도움을 줄 뿐 아니라, AI 시대에 걸맞은 사고 중심 수업으로의 전환을 도와줄 것이다.

AI와 인재 채용?

교사의 질문에서 AI 활용으로의 연결 고리

AI를 수업에 도입할 때 교사의 질문은 학생이 AI와 효과적으로 상호 작용할 수 있도록 돕는 준비 과정이다. 이 장에서 제시한 프롬프트들은 단순히 교사가 AI에게 입력하는 명령문이 아니라, 수업의 맥락 속에서 교사가 학생에게 던지는 교육적 질문들이다. 이러한 질문은 학생의 사고와 언어를 구조화하며, AI를 활용하는 과정에서 학생이 유의미한 프롬프트를 떠올릴 수 있도록 돕는 역할을 한다. 중요한 것은 교사의 질문이 정답을 끌어내는 도구가 아니라, 학생 스스로 문제를 정의하고, 질문을 만들고, AI와 의미 있는 상호 작용을 할 수 있도록 하는 디딤돌이 되어야 한다는 점이다.

연주 영역 프롬프트

연주 수업의 도입에서는 학생들이 스스로 연습의 방향을 설정하도록 유도하는 것이 중요하다. 교사가 "오늘 연습할 목표를 한 문장으로 정해 보세요"라고 질문하면, 학생들은 막연한 연습에서 벗어나 구체적이고 명확한 목표를 설정하게 된다. 예를 들어, "점음표의 리듬을 정확하게 연주하는 것"이나 "레가토 주법을 자연스럽게 표현하는 것"과 같은 구체적인 목표를 세울 수 있다. 이러한 목표 설정 과정은 학생이 AI에게 "나는 왼손의 리듬이 자꾸 흔들려. 안정적인 리듬감을 연습하기 위한 연습 방법을 추천해 줘"와 같은 구체적인 질문을 할 수 있도록 유도하며, 나아가 AI와 더욱 효과적인 상호 작용을 하는 데 기여한다.

"이 곡을 들었을 때, 어떤 장면이나 상황이 떠올랐나요? 그 장면을 바탕으로, 이 곡을 어떻게 표현하고 싶나요?"라는 프롬프트는 기술적 목표뿐만 아니라 표현적 목표도 함께 제시하여, 연주에 대한 전체적인 흐름과 방향을 이해할 수 있도록 한다. 이는 학생들이 자신만의 해석과 표현 의도를 명확히 설정하여, 연주 과정에서 일관된 방향으로 나아갈 수 있게 한다.

연주 영역 도입 단계 프롬프트:

"오늘 연습할 목표를 한 문장으로 말해 보세요."

"이 곡을 들었을 때, 어떤 장면이나 상황이 떠올랐나요? 그 장면을 바탕으로, 이 곡을 어떻게 표현하고 싶나요?"

연주 연습이 진행되는 전개 단계에서는 학생들이 자신의 연주를 객관적으로 평가하고 개선점을 찾아낼 수 있도록 하는 프롬프트가 필요하다. "방금 연주한 부분 중

만족스러운 점과 아쉬운 점은 무엇인가요?"라는 질문은 학생들이 자신의 연주를 성찰하고 구체적인 피드백을 스스로 생성하도록 유도하는 '메타 인지 프롬프트'라고 할 수 있다. 이는 교사의 일방적인 평가에 의존하지 않고, 학생 스스로 자신의 연주에 대해 깊이 있게 생각함으로써 학습자 중심의 자기 주도적 학습을 촉진할 수 있다. 이와 같은 프롬프트는 "아쉬운 부분을 개선하기 위해 AI에게 어떤 질문을 던질 수 있을까요?"라는 질문으로 이어지며 학생들이 AI와 효과적으로 소통하는 방법을 익힐 수 있도록 한다. 이를 통해 학생은 "내 연주 영상을 보니 리듬이 불안정하다고 느껴졌어. 안정적인 리듬 연주를 위한 연습법 3가지를 알려 줘"와 같은 실질적이고 목표 중심적인 AI 명령문을 만들어 낼 수 있다. "다른 연주자라면 이 부분을 어떻게 해석할까요?"라는 프롬프트는 학생들이 자신의 연주를 다양한 관점에서 바라보도록 유도한다. 이는 창의적 사고를 촉진하며, 연주에 대한 새로운 아이디어를 발견하는 데에도 도움이 된다.

연주 영역 전개 단계 프롬프트:

"방금 연주한 부분 중 만족스러운 점과 아쉬운 점은 무엇인가요?"

"아쉬운 부분을 개선하기 위해 AI에게 어떤 질문을 던질 수 있을까요?"
"다른 연주자라면 이 부분을 어떻게 해석할까요?"

연주 수업의 마무리에서는 학생들이 학습 내용을 정리하고 다음 학습을 위한 구체적인 계획을 세우도록 하는 것이 중요하다. "다음 연습에서 더 집중해야 할 부분을 한 가지씩 말해 봅시다"라는 프롬프트는 학생들이 오늘의 학습 성과를 바탕으로 다음 단계의 학습 목표를 명확히 설정하도록 돕는다. 이는 연속성 있는 학습을 가능하게 하며, 체계적인 실력 향상을 도모한다. "오늘 연주하면서 새롭게 알게 된 점이 있다면 무엇인가요?"라는 질문은 학습자가 자신의 성장을 인식하고 학습에 대한 성취감을 느끼도록 한다. 이는 학습 동기를 유지하고 지속적인 연습 의욕을 고취하는 데 효과적이다.

연주 영역 정리 단계 프롬프트:

"다음 연습에서 더 집중해야 할 부분을 한 가지씩 말해 봅시다."
"오늘 연주하면서 새롭게 알게 된 점이 있다면 무엇인가요?"

감상 영역 프롬프트

감상 수업에서는 학생들이 음악에 대한 첫인상을 솔직하고 자유롭게 표현할 수 있도록 하는 것이 중요하다. "이 음악의 첫인상은 어땠나요? 세 단어로 표현해 보세요"라는 프롬프트는 학생들이 복잡한 음악적 감정을 간결하게 언어화하도록 돕는다. 이는 감상의 출발점이 되며, 개인의 고유한 감각적 반응을 존중하는 분위기를 형성한다. 학생이 이 질문을 통해 "쓸쓸함, 고요함, 여운"이라고 답했다면, 이후 AI에게 "이 곡을 듣고 '쓸쓸함, 고요함, 여운'이라는 느낌을 받았어. 이 곡과 비슷한 분위기의 클래식 음악을 추천해 줘"와 같은 질문을 할 수 있게 된다. "이 음악을 들으면서 떠오르는 색깔이나 이미지가 있나요?"라는 질문은 공감각적 접근을 통해 음악에 대한 다양한 감상 경험을 유도한다. 이는 특히 언어적 표현이 어려운 학생들에게 음악을 이해하고 표현할 수 있는 대안적 방법을 제공한다.

감상 영역 도입 단계 프롬프트:

"이 음악의 첫인상은 어땠나요? 세 단어로 표현해 보세요."

"이 음악을 들으면서 떠오르는 색깔이나 이미지가 있나요?"

감상 수업의 핵심인 전개 단계에서는 학생들이 음악의 구조와 요소를 분석하고 다양한 관점에서 해석할 수 있도록 하는 프롬프트가 필요하다. "이 곡에서 가장 인상적인 악기는 무엇이며, 그 이유는 무엇인가요?"라는 질문은 학생들이 음악의 구성 요소에 주목하고 자신만의 해석을 형성하도록 유도한다. "이 곡이 어떤 시대나 문화에서 만들어졌다고 생각하나요?"라는 프롬프트는 학생들이 음악을 시대적, 문화적 맥락에서 이해하도록 돕는다. 이는 음악사적 지식과 개인적 감상을 연결하는 통합적 사고를 촉진한다. 학생이 "이 곡이 낭만주의 시대의 특징을 가진 것 같아"라고 답했다면, 이후 AI에게 "낭만주의 음악의 전형적인 특징과 대표 작곡가를 설명해줘"라고 요청할 수 있다. "만약 이 곡에 가사를 붙인다면 어떤 내용일까요?"라는 질문은 학생들이 음악의 정서와 분위기를 더 구체적으로 해석하도록 유도한다. 이는 추상적인 음악 언어를 구체적인 문학 언어로 변환하는 과정을 통해 음악에 대한 이해를 심화한다.

감상 영역 전개 단계 프롬프트:

"이 곡에서 가장 인상적인 악기는 무엇이며, 그 이유는 무엇인가요?"

"이 곡이 어떤 시대나 문화에서 만들어졌다고 생각하나요?"
"만약 이 곡에 가사를 붙인다면 어떤 내용일까요?"

감상 수업의 마무리에서는 학생들이 자신의 감상 경험을 정리하고 개인적 의미를 부여할 수 있도록 하는 것이 중요하다. "오늘 들은 곡 중 가장 기억에 남는 곡과 그 이유는?"이라는 프롬프트는 학생들이 자신의 감상 경험을 성찰하고 개인적 선호와 그 근거를 명확히 하도록 돕는다. "이 음악을 친구에게 추천한다면 어떻게 설명할 수 있을까요?"라는 질문은 학생들이 자신의 감상을 다른 사람에게 전달할 수 있는 언어로 정리하도록 유도한다. 이는 음악에 대한 이해를 더욱 명확하게 하며, 의사소통 능력도 함께 기를 수 있다.

감상 영역 정리 단계 프롬프트:

"오늘 들은 곡 중 가장 기억에 남는 곡과 그 이유는 무엇인가요?"
"이 음악을 친구에게 추천한다면 어떻게 설명할 수 있을까요?"

창작 영역 프롬프트

창작 수업에서는 학생들이 자신만의 독창적인 아이디어를 발굴하고 창작에 대한 동기를 가질 수 있도록 하는 것이 중요하다. "지금의 기분을 음악으로 만든다면 어떤 분위기의 곡을 만들 수 있을까요?"라는 프롬프트는 학생들이 자신의 감정을 음악적 표현으로 전환하는 출발점을 제공한다. 이는 개인적 경험과 감정을 창작의 재료로 활용하도록 유도하며, 진정성 있는 창작물을 만들어 내는 기반이 된다. 학생의 대답은 이후 AI에게 "오늘 나는 좋아하는 친구와 만나기로 해서 정말 행복해! 나의 이런 기분을 담은 가사를 써 줘"와 같은 요청으로 전환될 수 있다. 또한 "만약 당신이 영화감독이라면, 이 멜로디가 어떤 장면에 어울릴까요?"라는 질문은 학생들이 음악의 상황적 맥락을 상상하고 창작 의도를 구체화하도록 돕는다. 이는 추상적인 음악 창작을 구체적인 시나리오와 연결하여 더욱 생생하고 목적 지향적인 활동을 가능하게 한다.

창작 영역 도입 단계 프롬프트:

"지금의 기분을 음악으로 만든다면 어떤 분위기의 곡을 만들 수 있을까요?"

"만약 당신이 영화감독이라면, 이 멜로디가 어떤 장면에 어울릴까요?"

창작 수업의 전개 단계에서는 AI 도구를 효과적으로 활용하면서도 학생들만의 창의성을 발휘할 수 있도록 하는 프롬프트가 필요하다. "이 가사에 어울리는 코드 진행을 AI에게 어떻게 질문하면 좋을까요?"라는 질문은 학생들이 AI와 효과적으로 협업하는 방법을 익히도록 돕는다. 이는 단순히 AI에게 의존하는 것이 아니라, 자신의 창작 의도를 명확히 전달하고 AI의 응답을 창의적으로 활용하는 능력을 기르는 데 중점을 둔다. 학생은 이 질문을 통해 "다음과 같은 가사를 만들었어. '햇살처럼 반짝이는 너를 만나러 가는 이 순간, 내 마음이 춤을 춰', 여기에 어울리는 코드 진행을 추천해 줘. 들뜨고 신나는 분위기야"와 같은 구체적인 AI 요청문을 만들 수 있다. "다른 사람의 창작물에서 어떤 스타일을 참고했나요?"라는 프롬프트는 학생들이 자신의 창작 과정을 객관적으로 인식하고 영향을 받은 요소가 무엇인지 명확히 알 수 있도록 유도한다. 이는 창작에서의 영향과 독창성 사이의 균형을 이해하고, 자신만의 스타일을 발전시키는 데 도움이 된다. 또한, "이 리듬 패턴을 변형한다면 어떤 방법이 있을까요?"라는 질문은 학생들이 기존의 음악 요소를 창의적으로 변형하고 발전시키는 능력을 기르도록 한다. 이는 모방에서 창조로 나아가는 창작 과정의 핵심적인 단계를 경험하게 한다.

창작 영역 전개 단계 프롬프트

"이 가사에 어울리는 코드 진행을 AI에게 어떻게 질문하면 좋을까요?"

"다른 사람의 창작물에서 어떤 스타일을 참고했나요?"

창작 수업의 마무리에서는 학생들이 자신이 만든 창작물에 대해 성찰하고 의미를 부여할 수 있도록 하는 것이 중요하다. "이 음악에 어울리는 제목은 무엇인가요?"라는 프롬프트는 학생들이 자신의 창작물을 한마디로 압축하여 표현하도록 유도한다. 이는 창작 의도를 명확히 하고 작품에 대한 애착을 형성하는 데 도움이 된다. "본인의 작품을 재창작한다면, 어떤 부분을 보완하고 싶나요?"라는 프롬프트는 학생들이 자신의 창작 과정을 되돌아보고 개선점을 찾아내도록 유도한다. 이는 비판적 사고와 지속적인 발전 의지를 기르는 데 효과적이다.

창작 영역 정리 단계 프롬프트

"이 음악에 어울리는 제목은 무엇인가요?"

"본인의 작품을 재창작한다면, 어떤 부분을 보완하고 싶나요?"

참고문헌

김경화(2024). "디지털 매체 및 인공지능 기반의 과정 중심 음악창작 수업 모형 제안". 《음악교육공학》, 61, 225~246쪽.

윤성원(2017). "음악과 감상 영역 수업 모형 개발". 《음악교육공학》, 31, 1~20쪽.

유지민·김유진(2024). "단계적 음악 비평 교육을 위한 교수·학습 모형 개발 연구: 고등학교 진로 선택 교과 '음악 감상과 비평'을 중심으로". 《음악이론포럼》, 31(2), 153~179쪽.

이연경(2011). "기악 연주기술 발달에 영향을 주는 요인 및 교육적 적용을 위한 탐색: 관련 연구의 문헌적 고찰에 근거하여". 《교사교육연구》, 50(3), 43~63쪽.

황소소(2022). "중국 피아노전공 대학생의 메타인지기술과 연주수행 간의 관계에서 자기조절학습의 매개효과". 《학습자중심교과교육연구》, 22(8), 807~820쪽.

09
음악 수업에 활용할 수 있는 AI 도구 가이드

음악 수업에서는 AI를 활용하여 작곡가와 작품에 대한 정보 탐색, 감상 내용의 구조화, 아이디어의 음악적 표현, 연주 및 감상의 결과물 시각화 등 다양한 학습 활동을 보다 풍부하고 효과적으로 진행할 수 있다. 이러한 수업 활동을 지원하는 주요 AI 도구들의 기능과 교육적 활용 방법을 함께 소개하며, 교사들이 실제 수업 현장에서 쉽게 적용할 수 있는 구체적인 방안을 제시하고자 한다.

AI와 기자?

언어 기반 AI 도구 : 챗지피티

챗지피티(Chat GPT)는 오픈AI(OpenAI)에서 개발한 자연어 기반의 대화형 AI로, 음악 교육 현장에서 가장 폭넓게 활용할 수 있는 AI 도구다. 챗지피티는 자연스러운 대화를 통해 다양한 정보를 탐색하고, 복잡한 개념을 학생 수준에 맞게 설명하며, 창의적인 아이디어를 도출할 수 있다는 장점이 있다.

챗지피티는 단순한 정보 검색을 넘어서서 질문 설계, 글쓰기 지원, 비교 분석, 학습 계획 수립 등 음악 수업의 거의 모든 영역에서 교사와 학생 모두에게 유용한 도구로 활용될 수 있다. 특히 음악이라는 추상적이고 감성적인 영역을 논리적이고 체계적으로 접근하는 데 실제적인 도움을 제공한다. 다음은 음악 수업에서의 활용 방안이다.

첫째, 작곡가와 시대적 배경을 탐구할 수 있다. 이는 단순한 사실만을 제공하는 것이 아닌, 작곡가가 살았던 시대의 사회적 상황이 음악에 어떤 영향을 미쳤는지, 그 시대의 다른 예술 장르와는 어떤 연관성이 있는지 등을 종합적으로 제시하여 학생들의 이해도를 크게 향상할 수 있다. 예를 들어, "베토벤이 살았던 시대의 사회적 변화가 그의 음악에 어떤 영향을 주었는지 중학생이 이해할 수 있게 설명해 줘"라고 요청하면, 프랑스 혁명과 나폴레옹 전쟁, 계몽주의 사상 등과 연계하여 학생의 수준에 맞게 설명을 제공하기 때문에, 학생들이 베토벤의 음악을 더욱 쉽게 이해할 수 있다.

둘째로, 감상 수업에서 감상문 작성을 지원할 수 있다. 챗지피티를 통해 학생들이 감상문 작성에서 느끼는 어려움을 해결하고, 감상문 작성의 구조적 틀을 구성하는 데 도움을 받을 수 있다. 교사는 "중학생이 음악 감상문을 쓸 수 있도록 돕는 질문을 5개 만들어 줘. 감정, 이미지, 분위기, 음악의 빠르기나 셈여림 같은 요소를 포함해서 학생들이 생각을 구체화할 수 있도록 해 줘"라는 프롬프트를 통해 질문을 도출하고, 학생들의 감상문 작성에서 감상을 구체화하는 데 활용할 수 있다.

셋째로, 음악 이론과 용어 학습에 도움을 줄 수 있다. 챗지피티 음악 수업에서 다루어지는 다양한 용어와 개념들을 학생 수준에 맞게 재구성할 수 있고, 일상생활의 비유나 시각적 이미지를 활용해 학생의 이해를 도울 수 있다. 예를 들어 "소나타 형식을 이야기의 구조에 비유해서 중학생들이 이해할 수 있게 설명해 줘"라고 요청하면 학생의 수준에 맞춘 설명을 제공받을 수 있다.

넷째로, 악기 연주나 합창, 합주 수업에서도 유용한

도구가 될 수 있다. 연주 연습에서 학생들의 수준과 목표에 맞는 연습 계획을 수립하거나, 효과적인 연습 방법을 제시하는 데 활용할 수 있다. 특히 개별 연습이 중요한 악기 수업에서는 "초보자를 위한 피아노 연습 계획을 4주 단위로 만들어 줘" 또는 "기타 연주에서 F코드가 너무 어려운데, 이를 위한 연습 방법을 3단계로 제시해 줘"와 같은 구체적인 요청을 통해 맞춤형 학습 계획을 얻을 수 있다.

이처럼 음악 수업에서 다양하게 활용할 수 있는 챗지피티를 더욱 효과적으로 활용하기 위해서는 명확하고 구체적인 질문을 하는 것이 중요하다. "베토벤에 대해 알려 줘"보다는 "중학교 1학년 학생들이 베토벤의 '운명 교향곡'을 감상하기 전에 알아두면 좋을 베토벤 음악의 특징 3가지를 알려 줘"처럼 대상, 목적, 범위를 명확히 해야 좋다. 또한 챗지피티가 제공하는 정보나 아이디어를 그대로 사용하기보다, 교사가 자신의 수업 상황과 학생들의 특성에 맞게 수정하고 보완하는 과정이 필요하다. AI 도구는 어디까지나 교육을 지원하는 보조 역할이며, 교사의 전문성과 창의성이 더해져야 진정으로 의미 있는 교육 경험을 만들어 낼 수 있다는 점을 항상 기억해야 한다.

음악 창작 AI 도구 : 수노

수노(Suno)는 음악적 지식 여부나 악기 연주 실력과 관계없이 완성도 높은 음악을 생성할 수 있는 AI 음악 생성 도구다. 수노는 텍스트 프롬프트를 입력하는 것만으로 빠르게 음악을 생성할 수 있고, 무료 계정으로도 하루 10곡까지 생성할 수 있어 수업에 활용하기에 적합하다. 또한 장르, 분위기, 악기 구성 등을 자유롭게 설정할 수 있어서 학생들이 여러 가지 음악적 아이디어를 다양하게 시도해 볼 수 있다. 이와 같이 수노를 활용한 음악 창작 수업은 학생들로 하여금 수업에 대한 흥미와 참여를 높이고, 창의적 표현 욕구를 충족할 수 있다. 수노를 음악 수업에서 활용할 수 있는 방안은 교사의 수업 목표와 역량에 따라 매우 다양하게 설계될 수 있다. 이 책에서는 그중에서도 수업 현장에서 실현할 수 있고, 교육적 효과가 높은 대표적인 활용 방안을 다음과 같이 소개한다.

첫째, 주제 중심의 창작 활동이다. '계절', '우정', '학교생활'과 같이 학생들에게 친숙한 주제를 제시하고, 그에 어울리는 음악을 만들어 보도록 유도하여 창의적 표현력과 음악적 상상력을 높일 수 있다. 창작을 위한 프롬프트는 음악 요소를 고려하여 하나의 요소가 중복되지 않도록 하고, 창작하고 싶은 곡의 분위기를 떠올리며 최대한 구체적으로 작성한다. 예를 들어, '우정'에 관한 곡을 창작할 때는 "친구들과 함께하는 따뜻한 순간들, 팝, 미디엄 템포, 밝고 즐거운 분위기, 피아노와 어쿠스틱 기타, 명랑한 그룹 보컬, 젊음의 에너지와 함께(Warm moments with friends, Pop, Medium tempo, bright and joyful mood, piano and acoustic guitar, cheerful group vocals, youthful energy and togetherness)"와 같은 프롬프트를 작성한다. 생성된 곡을 들어 보고 의도한 대로 곡이 창작되었는지 평가한 후, 본인의 의도와 다르다면 프롬프트를 수정하여 곡을 재생성한다.

둘째, 음악 스타일 비교 학습에 활용한다. 동일한 가사를 다양한 장르의 음악으로 생성하여 직접 비교해 보면서 학생들은 장르별 특징과 음악적 차이를 명확히 인식할 수 있다. 예를 들어 '봄'을 주제로 한 가사나 시를 가사 입력창에 입력하고, 음악 요소를 입력하는 '스타일(Styles)'에는 "팝, 경쾌함, 어쿠스틱 기타, 드럼, 가벼운 분위기(pop, cheerful, acoustic guitar, drums, light mood)", "클래식, 차분함, 현악, 플루트, 부드러운 분위기(classical music, calm, strings, flute, gentle atmosphere)"와 같이 서로 다른 음악 스타일의 프롬프트를 입력하여 생성된 음악을 비교할 수 있다. 이처럼 학생들은 같은 주제를 다양한 방식으로 생성하며 창의적 사고와 비판적 감상 능력을 함께 향상할 수 있다.

셋째, 협력적 창작 프로젝트 수업이다. 수노를 활용한 협력적 프로젝트 수업에서는 조원들이 역할을 나누어 하나의 음악 콘텐츠를 공동으로 창작한다. 예를 들어, 주제 기획자는 곡의 전체적인 콘셉트와 스토리라인을 구상하고, 마인드맵 도구 등을 활용해 아이디어를 정리한다. 음악적 스타일 연구자는 주제에 어울리는 음악 장르, 분위기, 리듬 등을 조사하여 제안하며, 참조 곡 큐레이터는 영감을 줄 수 있는 기존 곡들을 선별하고 분석해 창작 방향을 설정하는 데 도움을 준다. 이후, 프롬프트 작성자는 연구된 내용을 바탕으로 수노에서 효과적인 곡을 생성할 수 있도록 텍스트 프롬프트를 구성하고, 작사가는 주제에 맞는 가사를 창작하거나 챗지피티를 활용해 초안을 다듬는다. 멜로디 디렉터는 생성된 음악의 구조나 분위기를 분석해 보완점이나 발전 방향을 제시한다. 완성된 곡은 시각적으로 표현하는 작업으로 이어지며, 앨범 커버 디자이너는 수노가 자동으로 생성한 이미지를 보완하거나, 이미지 생성 도구를 활용해 곡의 분위기에 어울리는 커버를 디자인한다. 뮤직비디오 기획자는 곡의 흐름에 맞는 영상 콘티나 스토리보드를 제작하고, 이미지 생성 AI나 영상 편집 도구를 활용해 뮤직비디오로 완성한다. 또한, 타이포그래피 담당자는 곡 제목이나 가사 레이아웃 등 텍스트 디자인을 맡아 전체 콘텐츠의 시각적 완성도를 높인다.

이러한 방식의 프로젝트는 학생들이 음악, 언어, 시각 표현을 넘나드는 창작 경험을 통해 자기 주도성, 협업 능력, 표현력을 함께 기를 수 있는 융합형 수업으로 확장될 수 있다. 또한 여러 AI 도구와 창작 플랫폼을 유기적으로 연계하여 사용함으로써 현대적인 디지털 창작 환경을 체험하고, 융합적 사고력과 디지털 리터러시를 함께 함양할 수 있다.

시각적 사고 및 구조화 AI 도구 : 깃마인드, 마인드마이스터

깃마인드(Git Mind)와 마인드마이스터(Mind Meister)는 웹 기반 마인드맵 제작 도구로, 복잡하고 추상적인 음악적 개념들을 시각적으로 정리하고 구조화하는 데 유용하다. 깃마인드는 중국 기업이 개발한 도구로 직관적인 인터페이스와 다양한 템플릿을 제공하여 초보자도 쉽게 사용할 수 있으며, 마인드마이스터는 오스트리아 기반의 플랫폼으로 실시간 협업 기능이 뛰어나 팀 프로젝트나 조별 활동에 특히 유용하다.

음악 교육에서 이러한 시각화 도구는 추상적인 음악적 경험을 구체적이고 체계적으로 정리하는 데 활용할 수 있다. 학생들은 자신이 느낀 감정이나 떠오른 이미지, 발견한 음악적 특징들을 시각적으로 표현함으로써 더욱 명확하게 인식하고 기억할 수 있다. 다음은 음악 수업에서 마인드맵 도구 사용의 교육적 의의다.

먼저 곡의 형식과 구조를 시각화할 수 있다. 마인드맵을 활용하면 소나타 형식이나 론도 형식[하나의 주요 주제(A)가 서로 다른 새로운 선율들(B, C) 사이사이에 반복해서 등장하는 음악 형식]처럼 복잡한 구조도 시각적으로 드러나기 때문에, 학생들이 곡의 전체 흐름을 더욱 쉽게 이해할 수 있다. 예를 들어, 소나타 형식을 지도할 때, 중앙에 곡 제목을 놓고 소나타 형식의 세 부분(제시부-전개부-재현부)으로 큰 가지를 구성한다. 각 부분에서는 다시 세부 가지를 만들어 주제 선율의 특징, 조성의 변화, 다이내믹의 변화 등을 정리한다. 이러한 과정을 통해 학생들은 음악의 형식을 시각적으로 이해할 수 있고, 음악을 들으면서 각 부분의 특징에 주의하며 음악을 적극적으로 감상하는 태도를 키울 수 있다.

두 번째로, 음악적 감정의 흐름을 시각화할 수 있다.

음악 감상하면서 느낀 감정의 변화를 마인드맵을 통해 시간의 흐름에 따라 효과적으로 시각화할 수 있다. 예를 들어, 그리그의 '페르귄트 모음곡' 중 '솔베이지의 노래'를 감상할 때, 중앙에 곡 제목을 두고 시간 순서대로 가지를 만들도록 한다. 그 후, 부분별로 학생들이 느낀 감정을 색깔, 도형, 키워드로 표현하게 하면, 음악의 감정적 흐름을 한눈에 파악할 수 있다.

세 번째로, 작곡가별, 시대별 특징 비교하는 데 용이하다. 서양 음악사의 특징을 비교할 때, 중앙에 '서양 음악사'를 두고 바로크, 고전, 낭만의 세 가지 시대를 주요 가지로 만든 후, 시대별로 '대표 작곡가', '음악적 특징', '사회적 배경', '대표 작품' 등을 세부 가지로 구성할 수 있다. 이러한 방식은 시대 간의 공통점과 차이점을 한눈에 비교할 수 있게 하며, 학생들이 음악사의 흐름을 구조적으로 이해하는 데 도움을 준다.

더불어, 마인드맵 도구는 챗지피티와 연계할 때 더욱 유용하다. 예를 들어, 차이콥스키의 '호두까기 인형'을 주제로 마인드맵을 만들 때, 먼저 챗지피티에 "차이콥스키의 '호두까기 인형' 모음곡을 중심으로 중학생들이 마인드맵을 만들 수 있도록 5~7개의 핵심 키워드와 키워드별 세부 내용을 제안해 줘"라고 요청한다. 이후 챗지피티가 제안한 키워드를 바탕으로 학생들은 더 체계적이고 풍성한 마인드맵을 만들 수 있다. 이러한 과정을 통해 AI 도구 간의 시너지 효과를 경험하며, 디지털 리터러시도 함께 증진할 수 있다.

시각 콘텐츠 제작 도구 : 캔바

캔바(Canva)는 누구나 쉽게 사용할 수 있는 온라인 시각 콘텐츠 제작 도구로, 템플릿 기반의 디자인 환경과 직관적인 인터페이스를 제공한다. 캔바는 드래그 앤드 드롭(Drag & Drop) 방식의 간단한 조작만으로도 텍스트, 이미지, 도형, 색상 등을 자유롭게 조합하여 음악의 감정, 개념, 구조를 효과적으로 시각화할 수 있다. 또한 다양한 템플릿을 제공하여 학습자의 창의적 표현을 지원하고, 완성도 있는 결과물을 쉽게 만들 수 있다. 음악 수업에서 구체적인 활용 방안은 다음과 같다.

첫째, 음악사 및 이론 학습이다. 시대별 작곡가와 대표 작품을 정리한 타임라인을 제작하거나, 악기 소개 인포그래픽을 만들어 악기의 명칭, 소리 특징, 연주 방식 등을 시각적으로 정리할 수 있다. 리듬, 셈여림, 음색 등의 음악 용어를 이미지와 함께 정리한 학습 카드를 제작하거나, 학습한 리듬 패턴이나 음계를 시각화하여 발표

자료로 활용할 수도 있다.

둘째, 창의적 감상 활동이다. 캔바에서는 AI 기반 이미지 생성이 가능하므로 음악 감상 활동과 결합한 창의적 표현 수업에 효과적으로 활용할 수 있다. 학생들은 캔바를 통해 음악을 들으며 떠오른 감정, 장면, 색채, 분위기를 자신만의 그림이나 시각적 이미지로 표현할 수 있다. 예를 들어, 감상곡이 주는 느낌을 바탕으로 '고요한 밤하늘', '불안한 도시', '화창한 숲속 산책'과 같은 프롬프트를 입력하면, 캔바가 이를 시각화한 이미지를 자동으로 생성한다. 이렇게 만들어진 이미지를 활용해 감상문을 시각 저널 형태로 구성하거나, 음악 감정 카드, 곡 분위기 포스터로 확장해 표현할 수 있어 감상 활동의 몰입도와 자기 표현력을 높일 수 있다.

셋째, 협력 학습 프로젝트다. 조별로 음악 장르별 특징을 정리한 포스터를 제작하거나, 학교 음악회나 발표회를 위한 홍보물과 프로그램 북을 직접 디자인하는 활동으로 확장할 수 있다. 이러한 활동은 학생들이 역할을 나누어 함께 작업하는 과정에서 협업 능력을 기를 수 있을 뿐 아니라, 음악에 대한 이해를 시각적으로 정리하고 표현하는 경험을 통해 창의력과 표현력을 함께 성장시킬 수 있다. 또한 학생이 만든 결과물이 실제 공연이나 발표의 일부로 활용되면서 학습의 동기와 자긍심 또한 증진할 수 있다.

이처럼 캔바를 활용한 활동은 음악과 시각 예술을 결합한 창의적 표현 수업으로 확장할 수 있으며, 특히 감상 수업이나 음악사 수업에서 도입하면 단순한 정보 전달을 넘어 학생 개개인의 감정과 해석을 시각적으로 표현하는 의미 있는 학습 경험으로 이어질 수 있다.

참고문헌

깃마인드. https://gitmind.com/

디지털 인사이트(2025.7.9). "챗GPT와 캔바의 만남: AI가 바꾸는 디자인 방식]". https://ditoday.com/?p=129094

마인드 마이스터. https://www.mindmeister.com/

민경훈 외(2023). 《뉴 노멀 시대의 디지털 미디어 기반 음악교육 방법》. 어가.

수노. https://suno.com/

오한나(2023). 《인공지능 융합수업 가이드》. 다빈치books.

정영선 외(2024). "인간과 생성형 인공지능의 협업: 고등학교 음악 수업에서 브이로그 제작 지도". 《예술교육연구》, 22(4), 367~381쪽.

챗지피티. https://chatgpt.com/

캔바. https://www.canva.com/

10
AI와 함께하는 음악 교사의 미래

음악 수업에 생성형 AI가 들어온 것은 단순한 기술 변화가 아니라, 교사의 역할과 수업의 본질을 다시 묻는 일이다. 교사는 더 이상 지식 전달자로 머물지 않고, AI와 함께 학생의 감성, 창의성, 비판적 사고를 끌어내는 조력자가 되어야 한다. 생성형 AI 시대에 기술의 변화 속에서도 교육의 중심에 서 있는 음악 교사의 새로운 역할과 갖추어야 할 역량 그리고 정체성을 살펴본다.

AI와 미래 의사?

미래는 이미 교실에 와 있다

AI는 더 이상 낯선 기술이 아니다. 생성형 AI는 교사들의 수업 준비부터 학생의 창작 활동, 과제 피드백에 이르기까지 교육의 전 과정에 점점 더 깊이 스며들고 있다. 음악 수업도 예외는 아니다. 악보를 넘기며 연주하던 교실이었다면, 오늘날의 교실에서는 프롬프트를 통해 작곡하고, AI와 협업하여 새로운 소리를 창조하는 창작의 공간으로 바뀌고 있다. 학생들은 코드 진행을 제시하거나 가사 일부를 입력해 AI에게 곡의 방향을 제안받기도 하고, 교사는 그 결과를 함께 분석하며 음악적 의미를 탐구한다. 교사는 과거의 '지식 전달자'에서, 미래를 설계하고 학생과 함께 만들어가는 '설계자이자 촉진자'로 변화하고 있다.

교사의 정체성, 새로운 질문으로 확장된다

교사는 언제나 '질문하는 사람'이었다. 하지만 AI 시대의 질문은 단지 교사가 학생을 향한 것이 아니라, 교사와 학생이 AI를 향해 하는 것이기도 하다. 프롬프트를 설계한다는 것은 단순히 명령어를 입력하는 기술이 아니다. 자신의 의도를 언어로 구체화하는 행위이며, AI와의 대화를 통해 사고를 표현하고 조율하는 과정이다.

학생이 프롬프트를 입력할 때는 단순히 정보를 요청하는 것이 아니라, 자신이 무엇을 알고 싶고 어떤 결과를 기대하는지를 언어로 설계하는 일을 배우게 된다. 이때 필요한 것은 단순한 기술적 숙련이 아니라, 자신의 생각을 명확히 표현할 수 있는 문해력과 비판적 사고력이다.

어떤 질문을 던지느냐에 따라 AI의 응답이 달라진다는 경험은, 학생으로 하여금 "어떤 질문을 해야 더 효과적일까?"를 스스로 고민하게 만든다. 이처럼 프롬프트 설계는 단순한 기술 훈련이 아니라 사고를 언어로 구조화하고, 의도를 구체화하는 학습의 과정이다.

AI가 제시하는 하나의 정답보다 더 중요한 것은 '어떤 질문을 던질 것인가'다. 교사는 질문을 통해 음악을 가르치고, 동시에 AI에게도 '창의적 질문'을 던져 새로운 해석의 가능성을 열어간다. 이제 교사는 질문을 통해 음악을 가르치는 동시에, 질문을 통해 AI를 교육의 동반자로 끌어들이는 존재가 되었다.

협업의 패러다임, 인간+AI로 확장되다

AI는 교사를 대체하는 존재가 아니다. 새로운 형태의 학습 공동체로서 교사-학생-AI 간의 상호 협력이 중심이 되어야 한다.

학생은 AI를 통해 작곡, 편곡, 사운드 디자인 등 복잡한 음악적 과정을 손쉽게 시도할 수 있고, 교사는 그 결과물 속에서 학생의 개성과 문화적 맥락을 발견하며 방향을 제시한다. 예를 들어, 한 학생이 전통 국악의 선율을 기반으로 AI에게 재해석을 요청했다면, 교사는 그 결과물에서 '전통의 재해석'이라는 주제를 꺼내 비평적 대화를 이끌 수 있다. 이 과정에서 학생은 기술을 통해 표현의 폭을 넓히고, 교사는 그 흐름 속에서 예술의 의미를 되묻는 안내자가 된다. AI가 만든 결과물의 맥락을 해석하고, 전통의 의미를 되묻고, 학생의 문화적 감수성과 표현력을 확장할 수 있도록 조율하는 것이 교사의 진정한 역할이다.

교사를 위한 준비, 디지털 문해력과 윤리 감수성

AI 시대의 교사는 프롬프트 활용법을 익히는 것에서 한 걸음 더 나아가야 한다. 교사 자신이 디지털 문해력을 갖추고, 기술의 한계와 윤리적 쟁점까지 함께 고려할 수 있어야 한다. AI가 만든 가락의 출처를 명시하고, 전통적 양식의 변형에 대해 비판적으로 사고할 수 있도록 학생을 안내하는 역량은 교사의 중요한 책무다. 디지털 문해력은 도구의 사용 능력을 넘어, 기술이 예술과 사회에 미치는 함의를 비판적으로 성찰하고 해석하는 능력이다. AI가 생성한 결과물이 진정한 창작으로서 가치를 지니기 위해서는, 그 배경과 의도를 읽을 줄 아는 교사의 눈이 필요하다. 따라서 교사 교육은 기술적 숙련 중심에서 벗어나 철학적 성찰과 교육적 판단력을 통합적으로 함양하는 방향으로 전환되어야 한다.

AI와 함께 성장하는 교사, 교육의 새로운 지평을 열다

AI는 음악 수업의 도구이자 거울이다. 교사는 프롬프트를 통해 AI에게 질문을 던지고, 동시에 자신에게도 질문을 던진다. "우리는 어떤 음악 수업을 만들어야 하는가?" "기술과 전통은 어떻게 공존할 수 있는가?" 이 물음에 답하는 과정에서, 교사는 다시 교육의 본질로 돌아간다. 그리고 그 여정은 혼자가 아니다. AI가 동반자이며, 프롬프트는 그 대화의 언어다.

AI를 활용한 수업은 교사로 하여금 교육의 효율성을 넘어, 인간과 기술이 함께 생성하는 지식의 구조를 다시 사유하게 만든다. AI는 교육적 실천의 '대체자'가 아니라, 교사의 사고를 확장하는 인지적 협력자(cognitive collaborator)로서 작동한다.

음악 교육에서 프롬프트는 단순한 명령어 입력이 아닌, 교사의 의도와 가치가 언어로 구체화되는 교육적 메타언어로 이해될 수 있다. AI에게 던지는 문장은 교사의 음악적 해석과 교육 철학을 반영하고, 그 응답은 다시 교사의 사유를 비추는 피드백 장치로 작용한다. 예를 들어 교사가 "한국 전통 장단을 바탕으로 현대적인 리듬감을 가진 곡을 제안해 줘"라는 프롬프트를 입력할 때, AI는 다양한 결과를 생성한다. 그러나 그 결과를 분석하고, 문화적 맥락과 미학적 의미를 해석하여 학생과 공유하는 것은 교사의 전문적 역할이다.

이처럼 AI가 제공하는 산출물은 학습의 출발점이지 종착점이 아니다. 그 결과를 해석하고 의미화하는 인간의 판단이 교육의 핵심 가치로 남는다.

교사는 AI를 통해 '효율적 수업'을 만드는 관리자가 아니라 '의미 있는 학습 경험'을 설계하는 교육적 디자이너다. AI가 생성한 음악은 학습자의 감정과 맥락 속에서 새롭게 해석될 때 비로소 교육적 가치를 갖는다. 이 과정에서 교사는 단순히 기술을 지도하는 존재를 넘어, 감성과 이성을 매개하는 교육적 해석자, 그리고 학습자와 기술 사이의 의미적 조정자로서 기능한다.

AI는 교사의 역할을 축소시키는 요인이 아니라 교사

의 교육적 사고를 확장시키는 촉매재로 되어야 한다. 따라서 미래의 음악 교육은 인간과 AI의 상호 보완적 관계를 바탕으로, 협력을 구현하는 방향으로 발전해야 한다.

결국 교사는 AI의 산출물을 단순히 수용하는 소비자가 아니라, 그것을 재맥락화하고 의미를 재구성하는 능동적 해석자다. AI는 데이터를 계산하지만, 그 데이터를 통해 생성된 '소리'의 감정적 깊이와 문화적 맥락을 이해하고 재현하는 것은 오직 교사에게 달려 있다.

AI 시대의 음악 교사는 '기계를 다루는 사람'이 아니라, '기술과 함께 예술을 재구성하는 사람'이다. 그리고 그 시작은 언제나 한 줄의 질문, 즉 좋은 프롬프트에서 비롯된다.

미래 교실의 풍경, 그리고 교사의 자리를 묻다.

생성형 AI는 교사의 경쟁자가 아니다. 오히려 교사의 질문에 응답하고, 학생의 창작을 돕는 동반자다. 이 도구는 단순히 편리함을 제공하는 기술이 아니라, 교육의 '형식'을 다시 쓰고 '내용'을 새롭게 구성할 기회를 제공한다. 따라서 중요한 것은 기술의 등장 자체가 아니라, 그 기술을 누구의 관점으로 어떻게 활용하느냐에 있다.

AI는 계산하고, 예측하고, 구조화하는 데 뛰어난 능력을 발휘한다. 그러나 음악 수업의 본질은 단지 정확하게 만드는 데 있지 않다. 감정을 이해하고, 문화의 맥락을 읽으며, 학생 한 명 한 명의 감수성을 존중하는 일은 오직 인간 교사만이 할 수 있는 영역이다. 프롬프트는 AI의 언어이지만, 그 프롬프트에 담긴 의도와 맥락, 그리고 교육적 판단은 교사의 고유한 몫이다.

결국 AI 시대의 음악 교사는 기술을 다루는 사람을 넘어, '어떻게 살아 있는 음악을 가르칠 것인가'를 끊임없이 성찰하는 사람이다. 그가 만든 수업은 단지 AI를 잘 활용하는 수업이 아니라, 학생의 창의성과 문화적 정체성을 함께 키우는 수업이어야 한다. 교사는 기술 너머의 세계를 볼 줄 아는 예술적 해석자이며, 공동체 속의 감정을 엮어내는 공감의 매개자다.

다가오는 미래의 교실은 더 똑똑한 기술로 채워지겠지만, 그 속에서 가장 빛나는 것은 결국 사람이다. 음악 교사는 그 중심에서, 기술과 예술, 데이터와 감성을 잇는 다리로서 AI와 함께 미래 교육의 방향을 새롭게 써 내려가야 한다. AI가 만들어주는 소리보다 더 중요한 것은, 그 소리를 해석하고 나누는 교사의 귀와 마음이다.

참고문헌

강나은·정주연(2024). "중등음악교사의 AI테크놀로지 활용 실태와 인식 및 AI 관련 테크놀로지 교수내용지식(TRPACK) 역량 분석". 《한국교원교육연구》, 41(4), 401~425쪽.

문현진·승윤희(2022). "인공지능(AI)의 이해와 인공지능 기반 음악도구의 예시 및 활용 방안 연구". 《학습자중심교과교육연구》, 22(4), 341~358쪽.

박다해(2024). "OpenAI 저작도구를 활용한 음악 수업 설계 연구: Prompt 기반의 생성형 AI 저작도구 중심으로". 《미래음악교육연구》, 9(1), 55~81쪽.

권혜근

서울대학교 사범대학 협동과정 음악교육 전공에서 학생들을 가르치며 이론과 실제 적용이 가능한 음악 교육을 실천하고 있다. 서울대학교 졸업 후 일본 동경예술대학교에서 음악교육을 전공했고, 성균관대학교에서 예술철학 박사 학위를 받았다. 2009 개정 교육과정, 2015 개정 교육과정의 중 · 고등 음악 교과서를 집필했다. 한국예술연구소에서 '평생 예술교육 확대 방안 연구'(2021), 한국예술종합학교 음악 영재교육원에서 '국가 예술 영재 성장 발달 종단 연구'(2023), 일본 문부성 프로젝트 '자국 및 다양한 음악 문화의 학습과 음악 아이덴티티 형성의 관계성에 관한 연구'(2024) 등 다양한 프로젝트를 통해 음악 교육 활동을 하고 있다. "전통음악 교육의 게이미피케이션 적용 연구"(2023), "인간과 생성형 인공지능의 협업"(2024), "LT협동학습을 적용한 초등 국악 창작 수업 설계 원리 개발 연구"(2025) 등 많은 논문을 등재 학술지에 게재했다.

문현경

연세대학교 학부(피아노)와 서울대학교 대학원(음악교육 석사)을 졸업하고 현재 서울대학교 사범대학 협동과정 음악교육 전공 박사과정 재학 중이다. 음악 교육의 이론적 토대를 실제 교육 현장에 적용하는 데 깊은 관심을 가지고 있으며, 특히 AI 기술과 음악 교육의 접점을 지속적으로 연구하고 있다. 주요 논문으로 "음악 감상문 작성을 지원하는 생성형 AI 기반 챗봇

프로토타입 개발: 펠트만과 앤더슨의 이론을 중심으로"(2025), "음악과 창작 활동을 위한 인공지능 기반 프로그램 활용 메이커 교육 수업 설계 원리 개발 연구"(2025), "인간과 생성형 인공지능의 협업: 고등학교 음악 수업에서 브이로그 제작 지도"(2024), "프로젝트 기반 협력학습을 지원하는 인공지능 챗봇 프로토타입 개발: 아이디어 발상 단계를 중심으로"(2024), "대취타의 음악 요소를 활용한 중학교 LMMS 창작 수업 지도 방안 연구"(2024), "LT 협동학습을 적용한 공유피아노 합주 수업 구조화 및 설계"(2024) 등을 등재 학술지에 게재했다.